KB266961

한글 오류행실도
나보다 남을 더 사랑한 사람들

인 지
생 략

한글 오륜행실도

나보다 남을 더 사랑한 사람들

초판1쇄인쇄 2001년 11월 20일

초판1쇄발행 2001년 11월 25일

지은이 : 지재희
펴낸이 : 이준영

회장 · 유태전
주간 · 김창완
편집 · 홍윤정 / 교정 · 강화진 / 영업 ·
조판 · 태광문화 / 인쇄 · 천광인쇄 / 제본 · 기성제책 / 유통 · 문화유통북스

펴낸곳 : 자유문고
서울 영등포구 문래동6가 56-1 미주프라자 B-102호
전화 · 2637-8988 · 676-9759 / FAX · 676-9759
e-mail : jayumg@hanmail.net
등록 · 제2-93호(1979. 12. 31)

정가 10,000원

※ 잘못 만들어진 책은 구입하신 서점에서 바꿔드립니다.

ISBN 89-7030-306-5 04150
ISBN 89-7030-300-6 (세트)

한글 오류행실도

나보다 남을 더 사랑한 사람들

지 재 희 지음
김 홍 도 그림

자유문고

머 리 말

유학에서는 전통적으로 사람이 사람으로서 지켜야 할 다섯 가지 도리를 내세워 가르쳤다.

나라에 충성하고, 부모에 효도하고, 부부간에 사랑하고 형제간에 화목하고, 친구간에 믿음을 지킨다는 이 다섯 가지 윤리와 가치 기준으로써 사람의 가치를 결정했다.

우리는 이것을 오륜(五倫)이라고 하는데, 오늘날 이 오륜을 가리켜 케케묵은 낡은 가치관이라고 폄하할 수 있는가.

하기야 현대는 그 어떤 가치보다 개인의 자기 자신을 가장 중요한 덕목으로 생각하는 서양적 사고에 익숙해져 가고 있다.

오륜은 나를 중심으로 해서 나라와 부모를 수직적 관계로, 부부와 형제와 친구를 수평적 관계로 설정하고, 나보다는 상대에 우월적 지위를 부여하는 생각이다.

나보다 나라를 우선해서 생각하기 때문에 나라를 위해 나를 희생하고 목숨까지도 바쳐야 한다고 생각했고, 부모를 위해 나를 희생하고 부모의 행복과 안녕을 위해 나의 행복과 안녕은 희생해야 한다고 가르쳤다.

그러나 요즘은 나를 나라나 부모보다 더 소중하게 생각하고 더 대접받아야 할 존재라고 생각한다. 이런 개인주의가 극단적으로 발전하면 인간의 사회적 제도는 무너지고 사회 제도 우선적인 가치관은 붕괴할 수밖에 없다.

그런 혼란 속에 우리는 지금 살고 있다.

그러나 인간이란 어쩔 수 없이 운명적으로 개인으로 태어나면서 사회적 관계에서 태어나고, 개인으로 살아가면서 사회적 관계 속에서 살아갈 수밖에 없다. 나의 희생과 나의 손해를 감수하지 않고서는 사회적 관계와 제도를 유지해 나갈 수 없는 것이다.

개인주의적 사고 방식이 지배하는 사회일수록, 자아 희생 정신을 가르쳐야 한다. 그 속에서 행복의 씨앗을 찾는 사람이야말로 참다운 행복을 얻을 수 있을 것이다.

개인주의적 사고에서 행복을 찾는 사람은 작은 행복은 얻을 수 있을지 모르지만 정작 큰 행복은 잃고 마는 경우가 많기 때문이다.

우리는 개인이냐 모두냐 하는 이분법적 흑백 논리로 세상 사는 이치를 논단할 수 없다. 이 두 상충되는 가치관을 잘 조화시켜야만 균형 있는 삶을 살 수 있는 법이다.

개인주의적 가치관으로 심하게 기울어 가는 시대에 전통적인 가치관을 다시 한 번 되새겨 보는 것도 의미 있는 일이 될 것이다.

그래서 이 오륜행실도를 다시 한 번 읽어 보자고 권한다.

어리석은 백성을 위해 그림으로 내용을 보여 주려 했던 위정자들의 마음이 아름답지 아니한가.

2001년 9월

옥인동 서재에서 창강(滄江) 씀

오륜행실도(五倫行實圖)는 어떤 책인가

'오륜행실도(五倫行實圖)'는 조선조 정조 21년(1797)에 이병모(李秉模) 등이 발간한 책이다.

세종 14년 6월, 집현전 부제학 설순(偰循)이 세종의 어명을 받아 백성을 잘 교화시킬 모범이 되는 충신, 효자, 열녀를 중국과 우리 나라에서 110인을 선정하여 한문으로 기록하고, 행실에 따른 시를 지어서 이를 찬미하고, 그 옆에 그림을 그려 놓은 '삼강행실도(三綱行實圖)'를 발간했다.

중종 13년에는 장유(長幼)와 붕우(朋友)의 도(道)를 추가하여 '이륜(二倫)'이라 일컬어 '이륜행실도'를 새로 만들어서 강혼(姜渾)이 서문을 쓰고 김안국(金安國)이 주관하여 발간했다.

그 후 22대 왕인 정조 때에 이르러 국가의 풍화(風化)를 진작시키고 정치의 기강을 바로잡기 위해 효자, 충신, 열녀, 형제 우애, 붕우의 믿음 등 오륜(五倫)을 바탕으로 삼아 모범적인 사례를 선정하여 백성들에게 귀감이 될 책을 저술하라고 명을 내렸다.

　정조의 명을 받은 이병모와 윤기동(尹蓍東) 등은 '오류행실도'를 저술할 때, 당시 규장각 소속 이만수(李晩秀), 심상규(沈象奎)와 춘추관 교수 김근순(金近淳), 오태증(吳泰曾), 김이영(金履永)과 내각강제초 소속 신순(申絢), 조석중(曺錫中), 홍석주(洪奭周) 등을 참여시켰다.

　이 때 이들은 세종 때 편찬한 '삼강행실도'와 중종 때 출간한 '이륜행실도'를 근간으로 두 저서에서 좋은 것들을 그대로 발췌하고, 그 이후의 모범이 될 만한 내용들을 추가하여 효자 33가정, 충신 35가정, 열녀 35가정, 형제 24가정, 붕우 12가정 등 총 139가정을 선정하여 발간했다.

　정조 23년 기미년에 규장각 검교제학 김병국(金炳國), 규장각 제학 남병철(南秉哲), 김보근(金輔根) 등이 형제편에 종족 화목 7가정과 붕우편에 스승과 제자 5가정을 추가하여 총 151가정을 수록하고, 중간(重刊) 서문을 김병학이 써서 간행했다.

　그림은 김홍도(金弘道)가 그렸다.

차 례

• • • • •

제 2 장 나라에 충성한 사람들 / 83

제 3 장 배우자를 사랑한 사람들 / 147

제 4 장 형제를 사랑한 사람들 / 217

제 5 장 신의를 지킨 사람들 / 279

① 부모를 잘 섬긴 사람들

나무는 조용히 있으려 하나
불어오는 바람은 나무를 그냥 놔두지 않고
자식은 부모에게 효도하려 뉘우쳤으나
부모는 이미 이 세상을 하직하였다〈고어〉

수욕정이 풍부지(樹欲靜而風不止)
자욕양이 친부대(子欲養而親不待)

민손의 옷

민손은 노나라 사람으로 공자의 제자다
일찍이 어머니가 죽고, 계모가 들어와 두 아들을 낳았다.
계모는 민손을 몹시 미워했다.
추운 겨울, 자기가 낳은 아들은 옷에 솜을 넣어 입히고, 민손의
옷에는 갈품[蘆花 : 꽃이 채 피지 않은 갈대꽃]을 넣어 입혔다.
어느 겨울에 아버지가 민손에게 수레를 몰게 했는데, 민손은 너
무나 추워서 고삐를 놓치고 말았다. 아버지가 비로소 민손의 처지
를 살펴 알고, 후처를 내치려고 했다.
"아버지 참으세요. 지금의 어머니가 계시면 한 아들만 춥지만,
어머니가 안 계시면 세 아들이 추울 것입니다."
하며 민손이 울면서 아버지에게 말씀을 올리자, 아버지는 민손의
어진 마음을 어여삐 여겨 아내를 내치지 않았고, 계모도 이 말을
듣고 감동하여 뉘우치고 마침내 자애로운 어머니가 되었다.

[지은이 생각]
민손은 효자이면서 언어도 출중했다. 아버지에게 말한 "지금의 어
머니가 계시면 한 아들만 춥지만 어머니를 내치면 세 아들이 추울 것
입니다(母在一子寒 母去三子單)"라는, 사람의 심금을 울리는 유
명한 말을 남겼다. 이 내용의 사자성어는 민손단의(閔損單衣)이다.
후세 사람들이 비공(費公)에 봉하여 추모한다.

16

민손단의(閔損單衣)

쌀을 져 나른 자로

자로는 노나라 변 땅 사람으로, 공자의 제자다. 집안이 가난해 풀뿌리를 캐먹으면서도, 늙은 어버이를 위해 백 리 밖에까지 가서 쌀을 지고 와 봉양하는 지극한 효성으로 어버이를 섬겼다.

어버이가 돌아가신 후 자로는 초나라에 가서 출세했다. 자로가 한번 움직이면 따르는 수레가 1백 대요, 만 석의 곡식을 쌓아 놓고 살았다. 항상 집안에는 수많은 사람들이 자리를 겹으로 둘러앉아, 솥에 가득 밥을 지어 놓고 먹었다. 그때마다 자주

"풀뿌리 씹으며, 어버이 위해 쌀을 지고 가려 해도, 이제는 그럴 수가 없게 되었구나."

라고 탄식하면서, 자로는 돌아가신 어버이를 그리워했다.

공자가 이 말을 듣고 말했다.

"자로는 어버이 살아 계실 때는 힘을 다해 섬겼고, 돌아가신 뒤에는 애틋한 마음을 다해 그리워하는구나."

[지은이 생각]

'자로부미(子路負米)'의 고사이다. 자신은 풀뿌리를 씹으면서도 힘든 줄 모르고 백 리 밖에서 쌀을 져다가 부모를 지극히 모시며 효도를 다했다. 출세하여 생활이 풍요로울 때도 옛날을 그리워하며 부모를 회상했던 자로는 효도뿐 아니라 공자 문하의 십철 중 한 사람으로 올라 있다. 후세 사람들이 위공(衛公)에 봉해 추모하고 있다.

18

자로부미(子路負米)

길에서 슬퍼 우는 고어

어느 날 공자가 길을 가는데, 고어라는 사람이 삼베옷을 입고, 칼을 손에 들고 길가에 서서 슬피 울고 있었다.

공자가 수레에서 내려, 왜 그렇게 울고 있는지 까닭을 물었다.

"저는 젊어서 학문을 좋아하여 고향을 떠나 천하를 두루 돌아다녔습니다. 그러는 사이 어버이께서 돌아가셨습니다. 나무가 고요하고자 해도 바람은 그치지 않고, 자식이 효도를 하고자 해도 어버이는 기다려 주지 않으며, 흘러가서 돌아오지 않는 것은 세월이요, 돌아가셨는데 따르지 못하는 것이 어버이시니, 나는 여기서 하직합니다."

고어는 대답하고 서서 슬피 울다가 그 자리에서 죽었다.

고어가 그렇게 죽자, 공자의 제자 가운데 부모를 봉양하기 위해 고향으로 돌아간 이가 열세 명이었다.

[지은이 생각]

수욕정이풍부지(樹欲靜而風不止)요 자욕양이친부대(子欲養而親不待)라는 유명한 말이 고어(皐魚)에서 유래했다. '나무는 가만히 있고자 하나 바람이 그냥 놓아두지 않고, 부모에게 효도하고자 하나 이미 부모가 돌아가셨다' 는 이 말은 때늦은 후회는 소용없다는 뜻이다.

20

고어도곡(皐魚道哭)

늙은 시어머니 봉양한 진씨

진씨는 한나라 여자다.

열여섯 살에 시집을 갔는데, 시집가자마자 남편에게 징집 영장이 나왔다.

"여보, 내가 군에 입대하면 살아 돌아올지 아니면 죽어 못 돌아올지 알 수 없는 일이오. 내게는 늙으신 어머니를 봉양할 다른 형제가 없으니 그게 가장 마음에 걸리오."

"제가 어머니를 잘 봉양하겠으니 걱정하지 마세요."

진씨는 남편에게 시어머니를 잘 봉양하겠다고 약속했다.

그렇게 떠난 남편은 전장에서 적과 싸우다 장렬히 전사하여 영원히 돌아오지 못했다.

사위가 전사했다는 말을 전해 들은 친정 부모는 딸의 나이가 너무 젊어서 데려다 개가시키려고 애썼다.

"아버지 어머니, 저는 홀로 남은 시어머니를 봉양하겠다고 남편과 약속했습니다. 남편이 죽었다고 해서 약속을 저버리면, 세상 사람들이 저를 어찌 사람으로 보겠습니까?"

친정 부모는 딸의 굳은 마음을 알고 더 강요하지 못했다.

진씨는 28년간 시어머니를 정성껏 봉양했고, 시어머니가 돌아가시자 논밭과 집을 팔아 장례를 법도에 따라 치르니, 모든 사람이 효부라고 칭송했다.

진씨양고(陳氏養姑)

큰 효자로 소문난 강혁

강혁은 동한(東漢)의 임치 사람으로 자는 차옹이다.

어려서 아버지를 여의었는데 난리를 만나 어머니를 업고 피란 생활을 했다.

나물을 캐고 먹을 것을 구해 어머니를 봉양하다가 도적의 무리를 만나 붙잡히면 울면서 사정했다.

"나를 잡아 가면 늙은 어머니는 누가 봉양하겠습니까?"

말이 공순하고 간절하여 사람을 감동시키니, 아무리 도적이라 해도 차마 해치지 못하고, 오히려 숨어 있을 곳을 가르쳐 주기까지 했다.

강혁은 어머니를 모시고 도적의 무리가 가르쳐 준 안전한 곳에서 숨어 살았다. 자신은 해진 옷에 맨발로 지내면서 머슴살이를 해서라도 어머니에게 필요한 것은 부족함이 없이 했다.

난리가 평정되자 어머니를 모시고 고향으로 돌아왔다. 매년 연초에 관가에서 인구 조사를 할 때면 강혁은 늙은 어머니가 고생할까 봐 어머니 태운 수레를 손수 밀고, 말이나 소에게 끌게 하지 않았다. 그런 강혁을 보고 고향 사람들은 큰 효자라고 칭송했다.

어머니가 돌아가시자 무덤 곁에 띠집을 짓고 지냈으며 상을 마치고도 차마 상복을 벗지 못하니, 나라에서 곡식 천 석을 내리고 때때로 양과 술을 내렸다.

강혁거효(江革巨孝)

집안 청소를 그치지 않은 설포

설포의 자는 맹상이고 한나라 여남 사람이다.

어머니가 죽고 계모가 들어왔는데, 계모가 설포를 미워하여 내쫓았다. 설포가 밤낮으로 울부짖으며 집을 나가지 않자 계모가 매질을 하였다. 하는 수 없이 집 밖 움막에 의지하여 밤을 세우고는 아침 일찍 들어와 마당을 쓸었다. 또 아버지가 화를 내며 내쫓으니, 설포는 집 밖 움막에 거처하며 아침저녁으로 부모님께 드리는 문안을 거르지 않았다.

이렇게 한 해 남짓 지내니, 아버지 어머니는 자기들의 처사를 부끄럽게 여기고 마침내 집으로 들어와 살게 했다.

아버지 어머니가 돌아가시자 이복 동생들이 재산을 나누어 따로 살기를 원했다.

설포는 늙은 노비를 자기가 가지면서 "나와 더불어 오랜 세월 일해 왔으니 너희는 부리기 힘들 것이다." 하고는, 젊고 기운 센 노비는 동생들에게 주었다.

설포는 자갈밭은 자기가 가지면서 "내가 젊었을 때 일군 밭이다." 하고, 기름진 밭은 동생들에게 주었다.

설포는 살림살이 가운데 썩고 부서진 것을 가지며 "내가 오래 전부터 쓰던 것이다." 하고, 튼튼한 것 새것은 동생들에게 주었다.

이 소문을 듣고 임금이 설포에게 시중 벼슬을 내렸다.

26

아버지 시신을 끌어안은 조아

효녀 조아는 한나라 회계 사람이다.

아버지는 무당이다. 단오날 강가에서 물귀신에게 제사를 지내는데, 갑자기 강물이 들끓으며 굽이쳤다. 아버지는 거친 물살에 휩쓸려 떠내려가고 말았다.

그 때 조아의 나이 열네 살이었다.

조아는 강가에서 아버지를 부르며 밤낮으로 울기를 그치지 않더니 이레 만에 물에 빠져 죽었다.

그런데 이게 웬일인가. 조아의 시신이 아버지의 시신을 안고 떠오르는 게 아닌가.

고을 사람들은 부녀의 시신을 거두어 장사지내 주고 비를 세워 조아의 효성을 기렸다.

[지은이 생각]

전설 같은 이야기이긴 하지만, 지극한 사랑이 귀신도 감동시킨다는 교훈을 주는 이야기다.

어려서부터 삼강오륜을 배워 온 사대부 이야기가 대부분을 차지하는 이 책에서 무당과 무당의 딸 이야기는 매우 귀한 소재이다.

효에 신분의 귀천이 있을 수 없음을 암시하는 이야기다.

아버지 잠자리에서 부채질한 황향

황향은 한나라 강하 사람이다.

나이 겨우 아홉 살 되는 해에 어머니를 잃고, 어머니를 그리워하느라 초췌해져 거의 죽게 되었다.

그 어린것의 효성에 감동하지 않은 사람이 없었다.

황향은 홀로 된 아버지를 위해 여름이면 베개와 이부자리에 부채질하여 시원하게 하고, 겨울이면 몸으로 이불을 따뜻하게 데워 아버지가 이부자리에 들 때 차지 않게 했다.

그 고을 태수가 어린 황향의 효성을 임금에게 보고함으로써 황향의 이름이 세상에 널리 알려졌고, 후에 벼슬이 상서령에까지 오르고, 아들 손자가 다 남부럽지 않게 사는 귀한 사람이 되었다.

[지은이 생각]

황향 이야기는 '소학'에도 나온다. 송나라 진종 때 한림학사를 지낸 양억이 "어린아이에게는 맨 처음 듣고 받아들여 마음에 새겨지는 말이 가장 중요하다. 그러므로 부모를 잘 섬기고, 형과 어른을 잘 따르며, 마음을 진실하게 하며, 예의 바르고 청렴하며, 부끄러워할 줄 아는 행위 등을 먼저 가르쳐야 한다."고 말하고, 황향 이야기 같은 고사를 어린아이에게 들려 주라고 권했다.

30

황향선침(黃香扇枕)

나무에 부모 얼굴을 새긴 정란

정란은 한나라 하내 사람이다.

일찍 부모를 여의어 봉양할 수 없게 되자, 나무에 어버이의 얼굴을 새겨 놓고 생시처럼 아침저녁으로 정성을 다해 섬겼다.

이웃에 사는 장숙의 아내가 정란의 아내에게 그 목각상을 빌려 달라 했다. 정란의 아내가 꿇어앉아 목각상에게 절하며 "잠시 장숙에게 빌려 드리겠습니다." 하고 고했으나, 목각상이 즐거워하는 빛이 없으므로 빌려 주지 않았다.

이에 앙심을 품은 장숙이 술에 취해 막대기로 목각상의 머리를 때렸다. 정란이 칼을 빼들고 쫓아가 장숙을 죽이고 살인 죄인이 되었다. 정란이 붙잡혀 가기 전에 목각상에게 하직 인사를 올리니, 목각상이 정란을 보고 눈물을 흘리는 것이었다.

사또가 정란의 지극한 효심이 신명에 통하는 것을 아름답게 여겨 용서해 줄 것을 상소하니, 임금이 그 얼굴을 그려 올리라고 했다.

[지은이 생각]

자칫 잘못하면 효지상주의적 생각을 주장할 염려가 있는 이야기다. 효도를 내세운다고 해서 살인까지도 미화되고 합리화될 수는 없다. 우리는 이 이야기에서 하나의 생각이 다른 모든 생각에 우선할 수 있다는 극단적 흑백 논리를 볼 수 있다. 이런 논리는 경계해야 할 것이다.

정란각목(丁蘭刻木)

돈을 꾼 동영

동영은 한나라 천승 사람이다.

아버지가 돌아가셨으나 장례 지낼 돈이 없어, 빚쟁이에게 돈 1만 냥을 꾸면서 돈을 갚지 못하면 종이 되겠다고 약속했다.

동영이 기한 내에 돈을 갚을 길이 없어, 약속대로 종이 될 결심을 하고 빚쟁이네 집을 찾아가는데, 웬 젊고 아름다운 여자가 다가와 절하며 "저는 당신의 아내가 되고자 합니다." 했다.

"나는 가난하여 빚을 갚을 길 없어 종이 되려 하는 몸이오. 이런 내가 어찌 아내를 맞을 수 있겠습니까."

"저는 가난하고 천한 것을 부끄러워하지 않겠습니다."

동영은 여자를 데리고 빚쟁이네 집으로 갔다. 빚쟁이가 여자에게 "그대는 무슨 재주를 가지고 있는가?" 하고 물었다.

"저는 베를 잘 짭니다."

"베 삼백 필을 짜 준다면 돈을 다 갚은 것으로 해 주겠노라."

그 날부터 여자는 베를 짜서 한 달 만에 삼백 필을 다 짰다.

빚쟁이는 약속대로 동영을 놓아 주었다. 두 사람이 고향으로 돌아가다, 처음 만났던 곳에 이르러 여자가 말했다.

"나는 하늘 나라의 직녀랍니다. 옥황상제께서 그대의 효성에 감동하여 나를 보내 그대를 도와 주게 한 것입니다."

직녀는 이렇게 말하고 하늘로 올라갔다.

34

동영대전(董永貸錢)

시를 읽으며 우는 왕부

왕부는 위(魏)나라 성양 사람이다.

왕부의 아버지는 사마소의 막하가 되어 동관 싸움에 나갔다 패하고 말았다.

사마소가 왕부의 아비에게 물었다.

"이번 싸움에 진 죄를 누가 감당해야 하는가?"

"당연히 장군에게 책임이 있다 할 것입니다."

"너는 죄를 나에게 뒤집어씌우려 하는구나."

사마소는 노하여 왕부의 아비를 죽였다.

왕부는 아버지의 억울한 죽음을 슬퍼하며, 후학들에게 글을 가르치며 숨어 살았다.

왕부는 아침저녁으로 아버지의 무덤에 찾아가 잣나무를 붙안고 슬피 울었는데, 왕부의 눈물 때문에 잣나무가 죽고 말았다.

왕부의 어머니는 우레를 무서워했는데, 어머니가 돌아가신 뒤에 우레가 치면 왕부는 무덤으로 달려가 "어머니, 제가 여기 있습니다." 하고 무덤을 껴안았다.

왕부는 시경을 읽을 때, '슬프고 슬프다, 부모님 나를 낳을 때 수고하셨네.' 라는 육아편의 대목에 이르러서는 여러 번 다시 외우며 슬피 우느라 더 나아가지 못했다. 이에 제자들이 이 대목을 없애고 읽지 않았다.

대나무 붙들고 운 맹종

맹종은 오나라 강하 사람이다.

어머니가 늙고 병들었는데, 한겨울에 죽순을 먹고 싶어했다.

효성이 지극한 맹종은 죽순을 구하려 사방을 헤맸으나, 땅이 얼어붙은 한겨울이라 죽순을 구할 수 없었다.

맹종이 대나무밭에 들어가 슬피우니, 뜨거운 눈물에 땅이 녹으며 죽순 두 줄기가 솟아났다.

맹종은 이 죽순을 따 와 국을 끓여 어머니에게 드렸다. 어머니는 죽순국을 먹고 병이 나았다.

모든 사람들이 말하기를 "지극한 효성에 하늘이 감동한 것이다."라고 하였다.

[지은이 생각]

한겨울 얼어붙은 땅에 뜨거운 눈물이 쏟아지고, 그 눈물의 온기로 땅이 녹고 죽순이 싹텄다는 논리는 비약이 매우 심한 것이긴 하지만, 전혀 설득력이 없는 이야기도 아니다. 이 이야기는 과학적 논리로 접근할 것이 아니라 정서적으로 접근해야만 이해가 가능하다. 지금의 각 종교에서 기적을 이야기하는 것들이 다 이와 같은 현상을 일컫는 것이리라.

얼음 속에서 잉어 구한 왕상

왕상은 진(晉) 나라 낭야 사람이다.

일찍 어머니를 여의고 계모 주씨 밑에서 자랐다. 계모는 왕상을 미워하여 아버지에게 모함하니, 아버지도 왕상을 사랑하지 아니하고 마구간 청소를 하게 했으나 왕상은 더욱 공손하였다.

부모가 병들어 눕자 왕상은 옷의 띠를 풀지 않으며 밤낮을 잊고 탕약을 받들었다.

한겨울에 계모가 잉어회를 먹고 싶어하자, 꽁꽁 언 강에 나가 추위를 잊고 옷을 벗어 얼음을 깨려 하니, 홀연히 얼음이 스르르 녹으며 잉어 두 마리가 뛰어올랐다.

계모가 또 참새구이를 먹고 싶어하자, 참새 수십 마리가 집으로 날아 들어왔다.

계모가 과일나무에서 과일이 떨어지지 않도록 왕상에게 지키라 하니, 왕상은 바람이 불고 비가 오면 과일나무를 붙안고 울었다.

세월이 흘러 계모가 죽어 장례를 치르는데 너무나 슬퍼하여 몸이 쇠약해진 나머지 막대를 짚어야 겨우 일어날 수 있었다.

왕상은 뒷날 벼슬하여 재상 자리에까지 이르렀다.

[지은이 생각]
왕상은 서진(西晉) 시대 재상을 지낸 사람이다. 그의 효도는 동양 고전의 여러 곳에 소개되어 있고 효도의 교범으로 삼고 있다.

죽은 사슴을 묻어 준 허자

허자는 진(晉)나라 동양 사람이다.

예장 태수 공충을 스승으로 모시고 공부를 하다 나이 스물에 이르러 고향으로 돌아왔는데, 스승이 타계했다는 소식을 듣고 3년상을 입었고, 이어 부모님이 돌아가시니 슬픔이 깊어 몸은 뼈만 앙상했다.

부모 무덤을 만들 때 몸소 흙을 져날라 마을 사람들의 도움을 받지 않았다.

허자가 슬피 울면 새들도 모여들어 함께 우짖었다.

허자는 홀로 무덤을 지키며 소나무를 심었는데 솔밭이 오륙 리에 뻗쳤다.

허자가 심어 놓은 어린 소나무를 어느 날 사슴이 상하게 하자, 허자는 "사슴은 내 맘을 몰라 주는구나." 하고 탄식했다.

이튿날 호랑이에게 물려 죽은 사슴이 그 소나무 밑에 누워 있는 것을 보고, 허자는 슬퍼하며 사슴을 그 자리에 묻어 주었다.

그 후 나무가 점점 무성하여 숲이 제법 울창해졌다.

허자는 그 곳 부모님의 무덤 곁에 집을 짓고, 부모 섬기기를 생전같이 했다.

고을 사람들은 허자가 사는 곳을 효순리(孝順里)라고 불렀다.

얼음 속에서 잉어를 뛰어오르게 한 왕연

왕연은 진(晉)나라 서하 사람이며 자는 연원이다.

아홉 살 때 어머니를 여의고 삼 년 동안 피눈물을 흘려 거의 죽을 지경이 되었다. 또 매번 제삿날이 다가오면 슬퍼 울기를 열흘에 이르렀다.

계모 복씨는 마음씨가 고약한 여자였다.

항상 왕연의 옷에 솜 대신 갈품[蘆花]과 삼머리를 넣어 주었지만, 왕연은 그런 줄을 다 알면서도 말하지 않고, 계모를 친어머니처럼 섬겼다.

계모가 한겨울에 잉어를 먹고 싶다고 하면서 왕연에게 구해 오라고 했는데, 왕연이 구해 오지 못하자 때려서 피가 흘렀다.

왕연이 너무나 슬퍼 얼음을 두드리며 우니, 홀연히 다섯 자가 넘는 큰 잉어가 얼음을 뚫고 뛰어올랐다.

왕연은 그 잉어를 가져가 계모에게 드렸다.

계모가 그 잉어를 두고 여러 날 먹었는데, 먹어도 먹어도 줄어들지 않았다. 이에 계모는 깨달은 바가 있어 비로소 왕연을 친자식처럼 사랑하기 시작했다.

[지은이 생각]
왕연의 효성은 '지성(至誠)이면 감천(感天)'이라는 것을 행동으로 보여 준 것이다.

호랑이 목을 조른 양향

양향은 송나라 남향 고을 양풍의 딸이다.

양향이 열네 살 때, 아버지를 따라 밭에 나가 일하고 있는데, 갑자기 호랑이가 나타나 아버지를 물었다.

양향은 겁도 없이 호랑이에게 달려들어 양팔로 호랑이의 목을 끌어안고 졸랐다.

호랑이가 캑캑거리면서 물고 있던 아버지를 놓고 달아났다.

이렇게 해서 아버지는 목숨을 건졌다.

고을 사또가 이 말을 듣고 양향에게 상을 내리고 정문을 세워 기리게 했다.

[지은이 생각]

사람이 죽기를 각오하면 불가능해 보이는 일도 이루어 낼 수 있다.

눈 앞에서 호랑이가 아버지를 물고 간다면, 누구라도 물불 가리지 않고 호랑이에게 덤벼들 것이다.

이제 겨우 14세 난 어린 여자아이까지도 호랑이에 대한 두려움 같은 것은 생각할 겨를도 없이 아버지를 구하기 위해 호랑이의 목을 졸랐다. 그 시퍼런 서슬에 호랑이도 놀라 달아났다.

양향액호(楊香搤虎)

아버지 구한 반종

송나라 오흥에 난이 일어 고을이 온통 쑥대밭이 되었다.

반종은 아버지와 함께 도적의 무리를 피해 달아났는데, 늙은 아버지는 얼마 걷지 못하고 땅에 주저앉고 말았다.

"나는 더 걸을 수 없다. 너 혼자라도 어서 가거라."

반종은 아버지를 두고 혼자 갈 수 없다고 우기면서, 아버지를 업고 가다 도적의 무리에게 붙잡히고 말았다. 반종이 도적에게 머리를 조아리며 사정했다.

"우리 아버지는 늙으셨으니 더 얼마나 사시겠습니까. 제발 살려 주십시오."

그러자 아버지가 도적에게 사정한다.

"우리 아들은 늙은 나 때문에 도망가지 못했소. 나는 이미 다 늙었으니, 나를 죽이고 아들을 살려 주시오."

도적이 아버지를 창으로 찌르자, 반종이 아버지를 몸으로 감싸 안고 엎드리다 머리와 얼굴을 다치고 기절했다. 그러자 한 도적이 나서서 다른 도적들을 말렸다.

"이 아이가 죽기로써 아버지를 구하니 효자 아닌가. 효자를 죽일 수는 없다."

다른 도적들도 머리를 끄덕이며 사라져 이에 부자가 살아났다.

훗날 사람들은 반종이 살던 고을을 순효촌이라고 불렀다.

48

아버지의 똥을 맛본 검루

유검루는 남조(南朝)의 제나라 신야 사람으로 자는 자정이다.

먼 지방의 벼슬아치가 되어 부임한 지 열흘쯤 되었을 때 고향에 있는 아버지가 병이 들었다.

검루는 홀연히 가슴이 뛰고 온몸에서 땀이 흘렀다.

검루는 즉시 벼슬을 버리고 고향집으로 돌아갔는데 집안 사람들이 모두 그가 돌아온 것을 보고 놀랐다. 이때는 아버지가 병든 지 이틀째 되는 날이었다.

의원은 "환자의 병이 이제 시초인지라, 병이 깊이 들었는가 아닌가를 알려면 똥을 맛보아 그 맛이 단지 쓴지를 알아야 한다."고 했다.

아버지가 설사를 하자, 검루가 그 똥을 맛보니 점점 달고 미끄러운지라 걱정이 되었다.

검루는 밤이면 북두성을 향해 "아버지 대신 제가 앓게 해 주십시오." 하고 치성을 드렸다.

어느 날 홀연히 공중에서 "네 아비의 수명이 다하여 더 오래 살지는 못할 것이나, 네 마음이 지극하니, 이 달까지는 살 수 있게 하겠노라." 하는 소리가 들렸다.

그 달 그믐께 아버지가 운명하니, 검루는 예법보다 넘치게 아버지의 장례를 치르고 무덤 곁에 띠집을 짓고 살았다.

검루상분(黔婁嘗糞)

어머니 약을 구한 숙겸

해숙겸은 제나라 안문 사람이다.

어머니가 병이 있어, 숙겸은 밤마다 뜰 가운데서 머리를 조아리며 어머니의 병이 낫게 해 달라고 빌었다.

어느 날 공중에서

"정공등(丁公藤 : 약재 이름)으로 술을 빚어 먹으면 나으리라."

하는 소리가 들렸다.

숙겸은 정공등이 어떤 약재인지 의원에게 물었으나 아무도 아는 이 없고, 의서를 뒤졌으나 기록이 없었다.

숙겸은 정공등을 알기 위해 전국을 돌아다녔다. 그러다 의도라는 고을에 이르러 멀리 바라보니 산중에서 한 늙은이가 나무를 하고 있었다.

숙겸이 "이 나무를 어디다 쓰려고 베십니까?" 하고 물었다.

"이 나무는 정공등이라 하는데, 풍병에 아주 잘 듣는답니다."

숙겸이 엎드려 눈물을 흘리면서 지금까지의 일을 이야기하자, 늙은이가 감동하여 네 줄기를 주며 술 빚는 법을 가르쳐 주었다.

숙겸이 받아들고 오다 뒤돌아보니 늙은이는 자취도 없이 사라지고 없었다.

숙겸이 늙은이가 가르쳐 준 대로 술을 빚어 어머니께 드리니, 어머니의 병이 씻은 듯이 나았다.

아버지 대신해 벌받은 길분

길분은 남북조 때 양나라 풍익 사람이다.

아버지가 원향 고을 사또였는데, 아전들의 모함에 빠져 법정에
서게 되었다.

이 때 길분의 나이 열다섯 살이었다.

길분이 길거리에서 울부짖고, 높은 사람들을 찾아다니면서 “우
리 아버지를 살려 주세요.” 하고 비니, 보는 사람들이 모두 눈물
을 흘렸다.

길분이 금부에 나아가

“제가 아버지 죄를 대신 받겠습니다.”
하고 사정하므로, 금부는 길분의 뜻을 꺾기 위해 형벌 기구를 벌
여 놓고 물었다.

“네가 아비 대신 죽기를 원하니 그렇게 하겠다. 여기 칼과 톱이
있는데, 어느 것을 택하겠느냐. 이것들이 무섭거든 대신 죽기를
포기해라. 그러면 너를 살려 주겠다.”

“제 나이 비록 어리나 어찌 죽음이 두렵지 않겠습니까? 그러나
아버지가 참형당하는 모습은 자식으로서 차마 볼 수 없는 일입니
다. 그러니 제가 죽겠습니다.”

금부도사가 길분의 효성을 임금에게 보고하니, 임금이 길분 부
자를 용서해 주고, 길분에게 벼슬을 내려 효행을 표창했다.

54

길분대부(吉玢代父)

어머니 시신을 모신 불해

은불해는 진(陳)나라 진군 사람이다.

아버지가 죽고 아우 다섯이 남았는데, 다 어린아이였다. 불해는 늙은 어머니를 섬기며 어린 아우들을 양육하느라 눈코뜰새없이 바쁘게 살았다.

이 소문을 들은 임금이 기특하게 여겨 불해의 노모에게 비단옷과 이부자리를 하사했다.

뒷날 난리가 일어나서 가족이 모두 흩어지고 어머니를 잃어버렸는데, 그 때 눈이 많이 오고 몹시 추워서 얼어죽은 시체가 많았다. 불해는 얼어 죽은 시체를 일일이 살펴보며 혹 어머니가 아닌가 하고 찾아다녔다.

불해는 그렇게 어머니를 찾아다닌 지 이레 만에 마침내 어머니 시신을 찾았다. 불해는 어머니 시신을 붙들고 통곡하다 기절하였다. 그때 그 광경을 보는 사람들이 그의 효성에 감복하여 모두 눈물을 흘렸다.

나물밥을 먹고 베옷을 입은 불해의 몸은 여위어 뼈가 드러나 보였다. 그런 몸으로 불해는 아우들과 함께 어머니 무덤을 만들고 흙을 져날라 봉분했다.

그리고 무덤가에 소나무를 심으며, 해마다 세밑과 어머니 기일에는 반드시 사흘 동안 곡기를 끊고 슬퍼했다.

56

새와 함께 산 왕숭

왕숭은 위(魏)나라 옹구 사람이다.

어머니가 돌아가시어 장례를 치르는데, 몹시 슬퍼하여 귀밑의 털이 모두 빠지고, 몸이 비쩍 말라 막대에 의지하지 않으면 일어서지 못했다.

어머니 빈소에 띠집을 짓고 밤낮으로 곡하니, 새들이 모두 모여들어 같이 우짖었다.

그 새들 가운데 몸뚱이가 희고 눈이 검고 크기가 참새만한 작은 새는 아예 띠집에 깃들이어 다른 데로 가지 아니했다.

왕숭이 어머니 3년상을 마치고 나니 이번에는 아버지가 돌아가시어서 또 3년상을 치렀다.

3년상을 마치던 해 여름에 바람이 불고 큰비가 쏟아져 짐승들이 죽고 초목이 꺾어졌지만, 왕숭의 밭은 바람도 불지 않고 큰비도 내리지 않아 곡식이 온전했다. 사람들은 왕숭의 효성에 하늘이 감동한 것이라고 믿었다.

왕숭은 상을 마치고도 부모의 묘 곁에서 살았다.

집 앞에 풀 한 포기가 돋아나서 줄기와 잎이 무성했고 겨울에는 새 한 마리가 집에 깃들여 새끼 세 마리를 깠다. 이 새들은 왕숭을 보고도 놀라지 않고 한 식구처럼 어울려 살았다.

임금이 이 이야기를 듣고 왕숭의 집에 정문을 지어 표창했다.

왕숭지박(王崇止雹)

부모 무덤 곁에서 죽을 때까지 산 효숙

서효숙은 수나라 급군 사람이다.

어려서 아버지가 죽어 아버지 얼굴을 알지 못했다.

효숙은 자라서 성인이 되자, 어머니에게 아버지 얼굴을 물어, 그림 잘 그리는 사람에게 부탁하여, 아버지 얼굴을 그려서 사당에 두고, 아침저녁으로 뵙고 제사를 지냈다.

효숙은 어머니를 섬기기 수십 년이었으나 단 한 번도 성내는 빛을 보이지 않았다.

어머니가 병들어 눕자 마른 데와 젖은 데를 바꾸어 누이며 여러 해를 어머니 병수발에 노심초사하느라 몸이 허약해졌다.

어머니가 돌아가시자 나물과 물만 먹고 한겨울에도 홑겹 상복만 입고 지내느라 몸이 수척하여 뼈가 드러나 보였다.

효숙은 부모 무덤 곁에 띠집을 짓고 40여 년을 살다가 죽었다.

[지은이 생각]

효숙이 아버지의 초상화를 사당에 걸어놓고 아침저녁으로 문안드리고 제사지낸 것은, 어려서 일찍 여읜 아버지를 기리는 효성 때문만은 아닐 것이다.

살아계신 어머니를 기쁘게 해드리려는 더 현실적인 효성 때문이었을 것이다.

효숙도상(孝肅圖像)

계모를 잘 모신 노조

노조는 수나라 하동 사람이다.

아홉 살 때 '효경'과 '논어'를 읽고, 계모를 지극한 효성으로 섬겼다.

계모는 세 아들을 낳았는데, 자기가 낳은 아들만 끔찍이 사랑하고 집안 일은 노조에게 모두 시켰지만 노조는 불평하거나 게으름 피우지 않았다. 계모가 자기 아들들을 서당에 보낼 때 노조에게 나귀를 몰게 했다. 노조는 마치 종이나 머슴 같았다.

세 아이는 술에 취해 악동들과 싸우기를 자주 했다. 악동이 집으로 찾아와 계모에게 행패를 부리면 노조는 마치 자기가 잘못한 것처럼 울며 말렸다.

"고약한 세 놈에게 어찌 이렇게 어진 형이 있단 말인가."

싸우러 왔던 악동은 노조에게 절하고 물러갔다.

계모가 죽자 노조는 동생들을 가르치고 돌보면서 계모의 무덤 곁에 띠집을 짓고 지냈는데, 밤이면 여우와 삵이 찾아와 좌우에서 지키다가 날이 새면 어디론가 돌아갔다.

노조의 효성을 들은 임금이 노조에게 벼슬을 내렸다.

노조는 아침이면 '효경'을 한 번 읽은 후에 출근하고, 퇴근하여 집에 돌아와서는 부모의 신위 앞에 꿇어앉아 일일이 하루의 일과를 고했다.

노조순모(盧操順母)

금덩이 캔 맹희

맹희는 촉나라 사람이다.

과일 장사를 해 어버이를 봉양했는데, 항상 얼굴빛을 바르게 하고 뜻을 거스르지 않았다.

아버지가 맹희에게 항상 이렇게 말했다.

"내 비록 가난하나, 공자가 사랑하는 제자 증삼을 키운 것처럼 너를 키웠다."

아버지가 돌아가시자 맹희는 입에 곡기를 끊고 슬피 울부짖어서 거의 죽게 되었다. 거적을 땅에 펴고 거기 거처하면서 3년 동안 소금과 간장을 먹지 않았다.

어느 날 아버지 무덤 곁에 난 쥐구멍을 발견하고 쥐를 잡으려고 쥐구멍을 팠는데 황금 수천 냥이 나와 큰 부자가 되었다.

[지은이 생각]

공자는 효에 대해 이렇게 말했다.

"아버지가 살아계시면 아버지 뜻을 받들고, 아버지가 돌아가시면 아버지께서 어떻게 행동하셨는지 생각하고, 그대로 행동하여 3년 동안은 아버지가 하신 대로 따르고 바꾸지 않아야 효자라고 할 수 있다."

부모의 뜻을 거스르지 않고, 마음을 헤아려 뜻을 따르기란 참으로 쉽지 않은 일이다. 그래서 그렇게 어려운 일을 한 사람이라야 효자라고 일컫는 것이다.

맹희득금(孟熙得金)

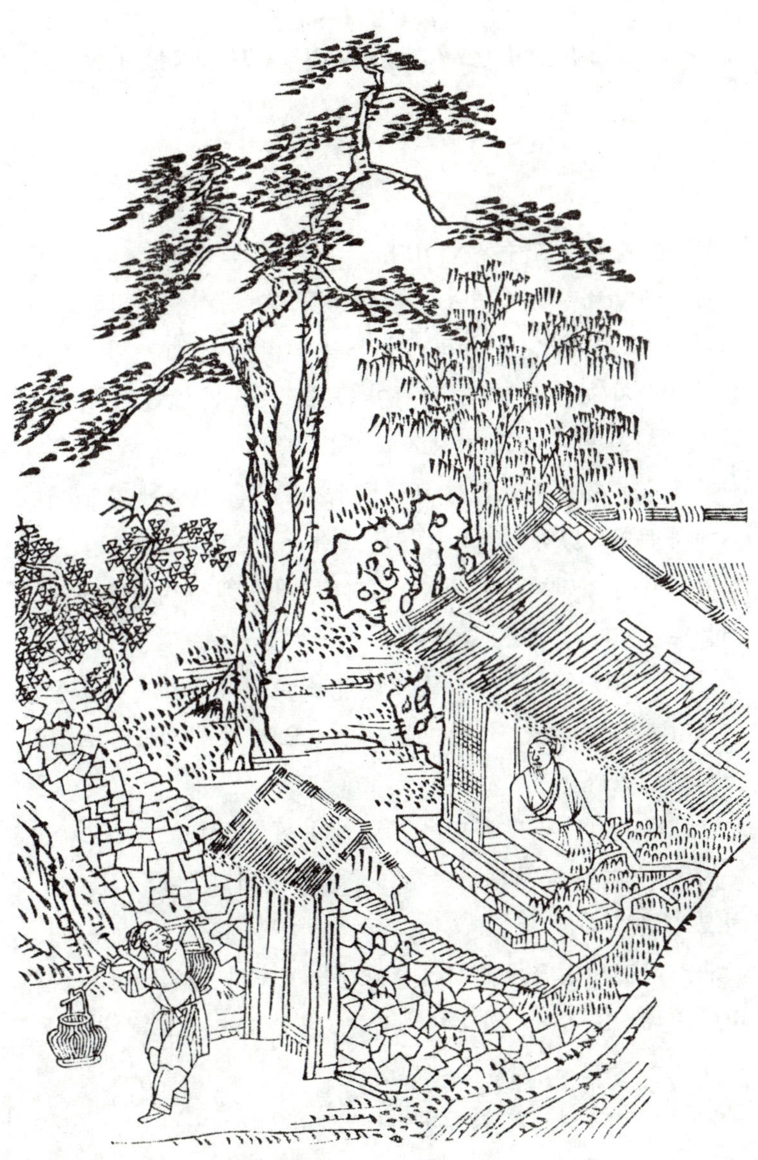

어머니 모시고 과거 보러 간 서적

서적은 송나라 초주 사람이다.

세 살에 아버지가 죽으니, 아침마다 찾으며 몹시 서러워하고, 어머니가 '효경'을 읽으라 하니 눈물을 그치지 않았다. 아버지 이름이 돌석자(石)인지라 평생 동안 돌그릇은 쓰지 않았고, 길을 가다 돌멩이를 만나면 밟지 않고 돌아갔다.

어머니를 지성으로 섬겨 아침저녁으로 옷을 갖추어 입고 어머니에게 문안드렸다.

과거 보러 가면서 차마 어머니를 떠나지 못해 어머니를 모시고 서울로 가 과거를 보고 급제했다.

서적은 어머니가 죽자 피를 토할 정도로 슬피 울었고, 3년 동안 어머니 묘 곁에 살면서 한겨울에 눈이 오면 묘에 엎드려 울기를 그치지 않았다.

한림학사 여진이 그 무덤을 지나가다 서적의 울음소리를 듣고
"귀신이 이를 알면 귀신이라도 눈물을 흘리겠구나."
하고 감탄했다.

고을 사또가 임금에게 서적의 효행을 보고하니, 임금이 곡식과 비단을 내리고 후에 '절효처사(節孝處士)'라는 시호를 내렸다.

◎서적(徐積) : 자는 중거(中車). 산양(山陽)의 초주(楚州) 사람. 죽은 후 절효 처사라는 시호를 받아 절효 선생이라 한다. '절효집' '절효어록'이 있다.

화를 면한 오이

오이는 송나라 임천 고을 백성으로 어머니를 지극히 섬겼다.

어느 날 밤 꿈에 신령이 나타나 말했다.

"너는 내일 한낮에 벼락을 맞아 죽으리라."

"저는 모셔야 할 늙은 어머니가 있습니다. 저를 구해 주십시오."

"하늘의 명이 그러하니 어쩔 수 없노라."

잠을 깬 오이는 꿈 이야기를 하면 어머니가 놀랄까 봐 내색하지 않고, 새벽에 음식을 갖추어 올렸다.

"어머니, 제가 먼 데 다녀올 일이 있습니다. 잠깐 누이 집에 가 계십시오."

어머니는 싫다고 따르지 않았다.

날이 점점 밝아 오자 검은 구름이 일어나며 천지가 어둡고 우레 소리가 요란했다. 오이는 어머니가 놀랄까 두려워 얼른 문을 닫고, 스스로 밭에 나가 벼락을 기다렸다. 그러나 벼락은 치지 않고 구름이 걷히면서 날씨가 다시 평화로워졌다.

오이는 급히 집으로 돌아와 어머니를 어루만지면서 신령의 말이 맞지 아니함을 이상하게 생각했다.

이 날 밤 꿈에 또 신령이 나타나 말했다.

"너의 지극한 효성에 하늘이 감동하여 너를 데려가지 않았으니 더욱 힘써 어머니를 섬기거라."

오이면화(吳二免禍)

아버지 천수를 늘려 준 왕천

왕천은 원나라 복녕 사람이다.

아버지가 병이 깊어 자리에서 일어나지 못했다. 왕천은 밤마다 하늘에 빌었다.

"내 나이를 덜어 아버지께 더해 주십시오."

어느 날 아버지가 혼절했다가 깨어나서 문병 온 친구에게 혼절했을 때 겪은 이야기를 했다.

"누런 옷을 입고 붉은 두건을 쓴 신령이 나에게 말하기를 '네 아들이 효성스러우니 옥황상제께서 네 나이에 열둘을 더해 주노라' 하더군."

아버지는 그 자리에서 병을 털고 일어나 그로부터 열두 해를 더 살고 죽었다.

왕천의 어머니는 소갈병이 있어 항상 누워 있었다. 어느 해 겨울 어머니가 왕천에게 오이를 먹고 싶다고 했다.

왕천이 오이를 구하기 위해 사방으로 뛰어다녔으나 깊은 겨울인지라 구할 수 없었다. 왕천이 심오령이라는 고을에 이르러 큰눈을 만나 나무 아래서 울고 있는데, 바위 사이에 푸른 넝쿨이 얽혀 있고, 오이 두 개가 달려 있었다.

왕천이 그 오이를 따다 어머니께 드리니, 그 오이를 먹고 소갈병이 나았다.

왕천익수(王薦益壽)

시어머니에게 허벅지살을 먹인 유씨

유씨는 명나라 신락 사람이다.

남편인 한태초가 명나라 태조 7년에 귀양살이를 떠날 때 가족을 모두 데리고 갔다. 유씨는 시어머니를 정성껏 섬겼는데 귀양길에 시어머니가 병이 났다. 유씨는 팔을 찔러 피를 내서 약에 섞어 드렸다. 그러자 시어머니의 병이 씻은 듯이 나았다.

귀양지에 이르러 남편이 죽으니 유씨는 나물을 심어 길러 먹으며 더욱 정성을 다해 시어머니를 봉양했다. 2년 후 몹시 무더운 여름에 시어머니가 풍병이 들어 거동하지 못했다.

밤낮으로 시어머니 곁에서 모기와 파리를 쫓았지만, 누워 있는 자리가 진물러 구더기가 나왔다. 유씨는 입으로 진무른 데를 빨아 구더기가 더 이상 나오지 못하게 했다.

시어머니의 병이 중해져 숨이 넘어가자 유씨가 하늘을 부르며 허벅지살을 베어 죽을 쑤어 드리니 다 죽어가던 시어머니가 그 죽을 먹고 다시 살아나 두 달을 더 살고 마침내 숨을 거두었다.

유씨는 집 곁에 빈소를 차리고 시아버지의 무덤에 돌아가 장사하려 하였으나 돌아가지 못하여 슬피 울었다.

임금이 유씨의 효성을 듣고 유씨에게 비단옷과 은 20정을 하사하였으며, 관청에서 상례의 일을 맡아 돌보게 하고, 정문을 세워 그 효성을 기렸다.

72

유씨효고(劉氏孝姑)

호랑이를 잡은 누백

최누백은 고려 때 수원 아전의 아들이다.

누백의 나이 열다섯 살 때 아버지가 사냥을 나갔다 호랑이에게 화를 당했다.

누백이 원수를 갚겠다고 도끼를 메고 호랑이 흔적을 따라갔다. 깊은 산 속에서 누백은 배가 불러 누워 있는 호랑이를 만났다.

누백은 호랑이에게 달려들며 꾸짖었다.

"네 이놈, 너는 내 아버지를 해쳤으니 나는 너를 먹어야겠다."

누백의 기세에 눌렸는지 호랑이가 꼬리를 사리고 엎드리자, 누백은 도끼로 호랑이의 머리를 찍어 죽이고, 배를 갈라 아버지의 뼈와 살을 꺼내 그릇에 담아 홍법산 서쪽에 장사지내고, 호랑이 고기는 항아리에 담아 물가운데 묻어 두었다.

누백은 아버지 무덤 곁에 띠집을 짓고 살면서 3년상을 마친 뒤 호랑이 고기를 꺼내 와 다 먹었다.

[지은이 생각]

호랑이에게 화를 당한 이야기는 소재도 다양하고 내용도 다양하다. 호랑이에게서 아기를 구해온 부모 이야기, 부모를 물어간 호랑이를 죽여 부모 원수를 갚은 이야기 들은 흔해 빠진 이야기다. 누백의 이야기가 특이한 것은 3년상을 마친 뒤 호랑이 고기를 다 먹었다는 '철저한' 복수 때문이다. 이 부분은 아마 덧붙인 이야기가 아닐까 생각된다.

묘 앞에 엎드린 자강

김자강은 조선조의 성주 사람이다.

어려서 아버지를 여의고 어머니를 지극한 효성으로 섬겼다. 그 어머니가 돌아가시자 불교식을 따르지 않고 유학의 가례(家禮)에 따라 아버지와 합장하고 3년상을 지내며, 무덤 곁에서 띠집을 짓고 살았다.

어머니의 3년상을 다 마치고 나서 다시 아버지를 위해 3년상을 치르고자 하니, 처가 사람들이 자강을 억지로 띠집에서 끌어내고 띠집에 불을 질렀다.

자강은 타오르는 불을 바라보고 하늘을 부르며 땅을 두드리며 몸부림치다, 온힘을 다하여 처가 사람들을 물리치고 다시 무덤으로 달려가 사흘을 엎드려 일어나지 않았다. 처가 사람들도 마침내 자강의 효심에 감동하여 다시 띠집을 지어 주었다.

자강은 또 3년 동안 아버지 묘 곁에서 살았는데, 처음 하는 것처럼 조심하고 정성을 다했다.

[지은이 생각]

김자강은 조선조 초기의 효자인 것 같다. 고려 때는 주로 불교의 의식을 따라 화장했는데 유학이 조선 중기에 정착되면서 매장문화로 바뀌고 '주자가례'에 따라 행하게 되었다. 이 때문에 처가에서 띠집에 불을 지르고 훼방을 한 것 같다. 자강의 지극한 효성은 처가의 감화도 가져왔다. 효는 모든 행동의 기본이면서 사회의 순화제이기도 하다.

손가락을 자른 석진

유석진은 조선조의 고산현 아전이다.

아버지가 나쁜 병을 얻어 날마다 한 번씩 기절하였는데 그 광경은 사람들이 차마 눈뜨고 볼 수 없는 지경이었다.

석진이 밤낮으로 아버지 곁에서 아버지를 보살피며 하늘에 간절한 기도를 드렸다. 또 병에 좋다는 약은 다 구해 아버지 병을 고치려 애를 썼다.

어떤 사람이 "산 사람의 뼈를 피에 섞어 먹으면 나을 것이다."고 말하자, 석진은 즉시 왼손 무명지를 끊어 그 사람 말대로 했는데, 하늘이 도왔는지 그로 해서 아버지의 병이 나았다.

[지은이 생각]

유석진의 아버지는 아마 간질을 앓았던 것 같다.

오늘날의 의학 기술로도 치료하기 쉽지 않은 간질병이니 옛날에는 불치병이었을 것이다.

요즘 유행하는 말처럼 조금은 '엽기적'인 냄새가 나는 이야기다. 하지만 아버지의 불치병을 고치기 위해 최선을 다하는 아들의 효성은 우리를 감동시키기에 충분하다.

석진단지(石珍斷指)

새도 감동한 은보

윤은보는 조선조의 지례현 사람이다.

그의 스승은 슬하에 자식이 없었다.

"스승은 부모와 같다고 했다. 스승님을 부모처럼 모시자." 하고,
좋은 음식을 보면 스승에게 드리고, 명절날이면 술과 안주를 갖추
어 아버지 섬기듯 했다.

그렇게 모시던 스승이 돌아가시자 아버지에게 시묘살이를 하겠
다고 청했다.

아버지도 아들의 마음을 어여삐 여기고 허락했다.

윤은보가 스승의 묘에서 시묘살이를 할 때, 아버지가 병들어 자
리에 누웠다는 소식을 듣고 즉시 돌아가 병시중을 들었다. 다행히
아버지의 병이 나았으므로 은보는 다시 스승의 묘로 돌아갔다.

한 달쯤 지난 어느 날 꿈자리가 고약하여 부랴부랴 집으로 돌아
가 보니 아버지 병이 재발했고, 그로부터 열흘 후에 아버지가 죽
었다.

은보가 아버지 무덤 곁에서 시묘살이를 하는데, 하루는 회오리
바람이 불어 향합이 날아가고 말았다.

한 달쯤 지난 어느 날 까마귀가 무엇을 물고 와 무덤 앞에 두기
에 은보가 가서 보니 바람에 날아가 버렸던 향합이었다.

임금께서 윤은보의 효성을 듣고 벼슬을 내렸다.

② 나라에 충성한 사람들

충신은 두 군주를 섬기지 않고
열녀는 두 지아비를 따르지 않는다〈왕촉〉

충신 불사이군(忠臣不事二君)
열녀 불갱이부(烈女不更二夫)

죽음으로 임금에게 간한 용방

하나라 임금 걸이 커다란 연못을 파고, 화려한 궁전을 짓고, 남녀가 어울려 밤새도록 어지럽게 놀면서 정사를 돌보지 않았다.

용방이 걸임금에게 간했다.

"임금이 겸손하고 공순하고 믿음이 있고, 재물을 아끼고 백성을 사랑하면 천하가 평안하여 사직과 종묘를 보존할 수 있습니다. 그런데 전하께서는 재물을 가볍게 흩어 쓰고, 사람을 가벼이 죽이시니 백성들은 전하께서 더디 망할까 초조해하고 있습니다. 인심이 이렇게 돌아서고 하늘이 돕지 않는데도 고치지 않으시니 이래서야 어찌 사직을 보존할 수 있겠습니까."

그래도 걸임금은 듣지 아니하는데, 용방은 물러가지 않고 끝까지 버티고 서서 임금이 마음을 돌리기를 기다렸다.

걸임금은 귀찮게 구는 용방을 죽이고 말았다.

[지은이 생각]

임금이 바른 길을 가지 않으면 신하는 임금에게 그러지 말라고 간해야 한다. 그러나 간하는 말을 못 알아듣거나 받아들이려 하지 않는 임금에게 계속해서 간하다가는 화를 입게 된다.

공자도 "임금에게 너무 자주 간하면 도리어 화를 당하고, 벗에게 너무 자주 충고하면 도리어 사이가 멀어진다〔事君數 斯辱矣 朋友數 斯疎矣〕."고 했다.

용방간사(龍逢諫死)

영화를 버리고 죽음을 택한 난성

춘추 시대 진(晉)나라 무공이 익 땅을 쳐 애후(哀侯)를 죽이고, 애후의 신하인 난성과 대적하게 되었다. 무공은 난성의 인물이 출중한 것을 보고 죽이기 아까워 항복하라고 회유했다.

"그대는 나를 도와 줄 수 없겠는가? 나는 그대를 상경(上卿)으로 예우하여 진나라의 정사를 맡기려 하노라."

난성은 무공의 제의를 거절했다.

"사람은 세 가지를 섬기는데, 아버지가 나를 낳으시고 스승이 나를 가르치시고 임금이 나를 먹이시므로 이 셋을 섬긴다 했습니다. 아버지 아니면 태어나지 못하고, 가르치지 않으면 알지 못하고, 밥 아니면 살아갈 수 없으므로 아버지와 스승과 임금을 한결같은 마음으로 섬겨 죽도록 은혜를 갚는다 했습니다. 내 어찌 이로움에 눈이 멀어 사람의 도리를 버릴 수 있겠습니까?"

난성은 이렇게 말하고 끝까지 싸우다 죽었다.

[지은이 생각]

사리를 판단하고 시세에 영합하지 않으며 옳은 것은 옳고 그른 것은 그르다는 것을 제대로 알고 곤궁한 환경에 처해서도 지조를 꺾지 않는 사람은 극히 드물다. 난성같은 인물을 진실한 충신이라 이를 수 있다.

난성투사(欒成鬪死)

아들을 죽인 석작

춘추 시대 위(衛)나라 환공의 서자 주우가 아버지를 시해하고 임금 자리를 찬탈했는데 지식 있는 신하들이나 백성들은 옳지 않은 쿠데타라고 해서 주우를 임금으로 모시지 않으려고 했다.

주우가 답답하여 석작의 아들 석후에게 물었다.

"어떻게 하면 백성들이 나를 따르겠는가?"

후는 아버지 석작에게 도움을 청했다.

"천자를 뵙고 천자의 승인을 받으면 된다."

"어떻게 하면 천자를 뵐 수 있겠습니까?"

"진(陳)나라 환공에게 도움을 청해라. 진나라와 우리 위나라는 예전부터 화목하니, 도와 줄 것이다."

이에 후는 좋은 계책이라 생각하고 주우와 함께 진나라로 갔다.

석작은 은밀히 진나라 임금에게 사람을 보냈다.

"주우는 아비를 죽이고 임금 자리를 찬탈했으니 그 무도함이 하늘에 사무쳤습니다. 청컨대 주우와 그를 돕는 후를 죽여 위나라의 사직을 바로잡게 해주십시오."

진나라 환공은 주우와 석후를 체포하고 위나라에 연락했다. 위나라 조정에서는 사신을 보내 주우를 참수하였고, 석작은 부리는 사람을 보내 그 아들을 죽였다.

석작은 불의 편에 선 아들을 큰 의로써 죽인 것이다.

석작순신(石碏純臣)

스스로 목을 친 왕촉

춘추 시대 연나라 장수 악의가 제나라를 침략했는데, 획읍 사람 왕촉이 어진 사람이라는 말을 듣고, 획읍은 치지 말라는 명을 내렸다. 그리고 사람을 보내 왕촉을 회유했다. 그러나 왕촉은 악의의 회유를 거절했다.

왕촉이 말을 듣지 않자 사신으로 간 악의의 부하가 왕촉을 협박했다.

"만약 거절하면, 획읍은 쑥대밭이 될 것이오."

"충신은 두 임금을 섬기지 않고, 열녀는 두 지아비를 따르지 않는다 했습니다. 나는 한 나라의 신하로서 나라를 지키지 못했으니 어찌 살기를 바라겠습니까. 나라가 망했다고 해서 연나라의 신하가 되느니 차라리 죽는 길을 택하겠습니다."

왕촉은 스스로 목을 나뭇가지에 매달고 칼로 자기 목을 내리쳤다. 왕촉은 목이 끊어져 죽었다.

[지은이 생각]

난세에도 인물은 인물을 알아본다고 했다. 아무리 적이라도 인재를 아끼고 포용하려는 것은 참된 지도자의 아량이다. 반면 사사로운 부귀영화에 현혹되지 않고 차라리 죽음을 택한 왕촉에게서 우리는 한 인간의 숭고한 정신을 엿볼 수 있다.

왕촉절두(王蠋絕脰)

임금 대신 죽은 기신

기신은 한나라 장수다.

항우가 형양을 에워싸자 한왕은 땅을 나누어 바치면서 화친을 청했다.

범증이 항우에게 간했다.

"한왕의 화친 요청을 받아들이지 마십시오. 한왕은 지금의 위기를 모면하고 나서 나중을 도모하려는 속셈을 가지고 있습니다. 지금 빨리 형양을 쳐서 한왕을 사로잡아야 합니다."

한왕은 항우가 화친을 받아들이지 않을까 몹시 걱정했다.

장수 기신이 한왕에게 간했다.

"신이 초나라 왕을 속일 것이니, 전하께서는 샛길로 달아나소서."

기신은 그 날 밤 여자 2천 명에게 갑옷을 입혀 동문으로 내보내 싸움을 걸었다. 그러자 초나라 군사가 사방에서 에워싸고 덤벼들었다.

이 때 기신이 한왕의 옷을 입고 수레를 타고 나와

"성 안에 군량이 떨어져 더 이상 버틸 수 없으므로 한왕은 초왕에게 항복하노라."

하고 거짓말했다. 초나라 군사들은 한왕을 사로잡았다고 좋아하면서 만세를 부르고, 동문으로 물밀 듯이 쳐들어갔다.

그 사이에 한왕은 서문으로 빠져 달아났다.

한왕을 놓친 항우는 대신 기신을 불에 태워 죽였다.

기신광초(紀信誑楚)

난간을 부러뜨린 주운

한나라 성제는 조정의 원로인 장우에게 모든 국사를 자문했다.

"지금 우리 나라에 재앙이 꼬리를 물고 일어나는데, 그것이 모두 외척 왕시 때문이라는구려. 정말 그렇다고 생각하시오?"

"재앙은 하늘의 뜻이라 그 의도를 헤아리기 어렵사옵니다. 젊은 선비들이 깊이 생각하지 않고 하는 말을 믿지 마십시오."

성제는 장우를 믿기 때문에 그 말에 따라 왕시를 중용했다.

강직한 신하 주운이 성제에게 간했다.

"조정 대신들이 녹만 축낼 뿐 제 직분을 다하지 못하고 있습니다. 저에게 참마검(斬馬劍)을 주시면 폐하의 판단을 어지럽히는 자의 머리를 베어 경계하겠습니다."

"그래요? 내 판단을 어지럽힌 자란 누구를 이르는 말이오?"

"왕시의 권세가 무서워 폐하께 왕시를 두둔한 장우로소이다."

"장우는 나라의 원로인데 젊은 그대가 원로 대신을 모함하는구나."

성제가 병사를 시켜 주운을 끌어내리니, 주운은 난간을 붙잡고 몸부림쳤다. 그 바람에 난간이 부러졌다.

장군 신경이 머리에서 피가 흐르도록 땅에 조아리며 주운의 올바름을 고하니, 성제는 주운의 죄를 묻지 않고 풀어 주었다.

나중에 부러진 난간을 고치려 하자, 성제가 이렇게 말했다.

"그 난간을 바꾸지 말고 바른말하는 신하를 기념토록 하라."

주운절함(朱雲折檻)

독약을 택한 이업

이업은 한나라 말년 재동 사람이다.

평제 때 과거 급제하여 벼슬을 했는데, 왕망이 왕위를 찬탈하자, 벼슬을 버리고 산 속에 숨어 살았다.

왕망이 망한 후에 공손술이 촉 땅에서 황제라 일컫고, 이업의 어짐을 듣고 불러 벼슬을 내렸지만 이업은 몸이 병들었다는 핑계를 대고 나아가지 않았다.

공손술이 독약을 보내 협박했다.

"나를 도와 주면 공후(公侯)의 예로써 대할 것이요, 도와 주지 않으면 이 독약을 먹일 것이다. 지금 천하가 어지러우니 누가 옳고 그름을 알겠는가. 나는 그대의 이름과 덕을 사모하여 함께 천하를 경영하고자 그대를 기다리니 마땅히 위로는 직위를 받들고 아래로는 자손을 위해 나오라."

이업은 이와 같은 협박을 받고 탄식하며 말했다.

"공자는 '위태로운 나라에는 들어가지 말고, 어지러운 나라에서는 살지 말라.'고 말했다. 내 어찌 벼슬을 탐하여 불의를 따를 것인가."

이업은 끝내 공손술의 회유에 따르지 아니하고 독약을 먹고 죽음을 택했다.

홀로 임금을 지킨 해소

해소는 진(晉) 나라 초국 사람으로 시중 벼슬을 할 때, 혜제의 동생 영이 반란을 일으켰다.

모든 신하가 혜제를 받들어 영과 맞설 때 해소도 함께 임금을 모셨다. 같이 임금을 모시던 시중 진준이 해소에게 말했다.

"그대는 위급할 때 달아날 좋은 말을 가지고 있는가?'

"저는 오로지 죽음으로써 임금을 호위할 뿐입니다. 좋은 말을 무엇에 쓰겠습니까?"

영이 초나라 군사 5만을 빌려 급습하니, 혜제가 대패하여 달아나다 화살 석 대를 맞고 쓰러졌다. 혜제를 따르던 신하들은 모두 빠른 말을 타고 달아났고 오로지 해소 홀로 혜제가 탄 수레에 올라 몸으로 혜제를 가리고 보호했다.

반란군이 혜제의 수레를 포위하고 해소를 끌어내자 혜제가 반란군에게 부탁했다.

"해소는 충신이다. 죽이지 말라."

"우리는 영의 명령에 따를 뿐이오."

반란군이 해소의 목을 치자 피가 튀어 혜제의 옷을 적셨다.

난이 평정되어 나중에 궁녀들이 혜제의 옷을 빨려 하자, 혜제가 빨지 못하게 했다.

"충신 해소의 피다. 빨지 말라."

두 아들과 함께 전사한 변곤

변곤은 진(晉) 나라 제음 사람으로 상서령 벼슬을 했다.

소준이 반란을 일으켜 고숙 땅을 함락하고 횡강을 건넜다.

관군이 소준의 군대를 막았으나 번번이 패했다.

임금이 변곤에게 명하여 서릉에서 반란군을 막게 했다. 그러나 소준이 바람을 이용하여 불로써 공격하므로 막을 수가 없었다.

변곤은 이 때 등창이 나서 몸이 몹시 아팠으나, 아픔을 참고 힘써 싸우다 전사했다. 변곤의 두 아들도 아비를 따라 적진에 뛰어들어 싸우다 전사했다.

변곤의 아내는 두 아들의 시신을 어루만지며 통곡했다.

"아비는 충신이 되고, 너희는 효자가 되었으니, 무엇을 한하랴."

임금은 변곤에게 시중 표기 장군 벼슬을 추증하고, 충정이라는 시호를 내렸다.

[지은이 생각]

변곤과 그 아들의 전사보다 변곤의 아내를 찬양한 예화다. 지아비와 두 아들을 잃은 슬픔을, 충신이 된 남편과 효자가 된 두 아들을 장하게 여기는 마음으로 이겨낸 변곤의 아내 또한 지도층의 부인이 갖춰야 할 자세를 말해 준다.

끝까지 임금 편에 선 환이

환이는 진(晉) 나라 초국 사람으로 선성내사 벼슬을 할 때, 소준이 반란을 일으키자 군사를 거느리고 도성을 구하러 나섰다.

휘하 장수들이 환이에게 간했다.

"우리 군사는 수가 적고 약해서 아직 움직일 때가 아닙니다."

"임금에게 무례하게 구는 자를 보거든 매가 새를 쫓듯 해야 한다고 나는 배웠다. 지금 사직이 위태로움을 보고 어찌 평안히 앉아 있으란 말인가."

환이는 군사를 거느리고 나가 경현 땅에 진을 쳤다.

휘하 장수들이 환이에게 거듭 간했다.

"이번 싸움의 대세는 소준이 장악하고 있습니다. 소준과 맞서 싸울 것이 아니라 그와 손을 잡는 편이 좋겠습니다."

"나는 임금의 신하다. 어찌 역적과 손을 잡으란 말인가."

환이가 유종에게 적을 막으라고 했다. 부하들은 모두 유종에게 항복하자고 권했다.

"나는 환이에게 두터운 은혜를 입었다. 마땅히 죽음으로써 갚을 뿐이다."

유종은 이렇게 말하고 나아가 싸우다 죽었고, 환이도 반란군에게 붙잡혀 죽었다.

환이치사(桓彝致死)

반란 괴수를 꾸짖은 안고경과 원이겸

안고경은 당나라 낭야 사람으로 범양참군 벼슬을 했는데 안록산이 고경의 명성을 듣고 조정에 청하여 상산 태수가 되었다.

후에 안록산이 반란을 일으키자, 안고경은 원이겸과 함께 안록산을 치려 했다. 안록산이 이 사실을 미리 알고 이들을 치니, 안고경과 원이겸은 죽을 힘을 다해 싸웠으나, 군량미가 떨어지고 화살이 다해 성이 함락되고 말았다.

고경과 이겸은 안록산에게 끌려 갔다. 안록산이 안고경에게

"내 일찍이 너를 천거하여 상산 태수가 되게 하였다. 그런 나에게 네가 반할 수 있단 말인가?"

하니, 안고경은 눈을 부릅뜨고 안록산을 꾸짖었다.

"너는 원래 양치기 오랑캐로서 천자께서 너를 삼도절도사를 삼으셨고 은총을 비할 데 없이 내리셨다. 그런데 너는 무엇이 부족하여 반란을 일으켰는가. 나는 대대로 당나라 신하다. 비록 너의 천거로 태수가 되었으나 어찌 너를 따라 반란군이 되겠는가. 나는 내 나라를 위해 도적을 치려 했으나 너를 베지 못하였으니 그것이 한스러울 뿐이다. 비린내 나는 개 같은 놈아 어서 나를 죽여라."

안록산은 안고경과 원이겸의 살을 깎아 죽였는데 두 사람은 숨이 넘어가도록 꾸짖기를 그치지 않았다.

이 때 안고경과 원이겸을 따라 죽은 이가 30명이 넘었다.

입을 찢기고도 반란군을 꾸짖은 장순

장순은 당나라 등주 사람이고 허원은 신성 사람이다.

안록산의 부하 윤자기가 수양성을 칠 때 장순과 허원이 반란군을 막았다.

싸움이 길어지자, 성 안에 먹을 것이 다 떨어져 말을 잡아먹었고, 말이 다 없어지자 새와 쥐를 잡아먹었고, 심지어 장순은 사랑하는 첩을 죽여 군사에게 먹였다.

굶주리고 병든 군사로 더 이상 적을 막을 수 없어 마침내 성이 함락당하고, 장순과 허원은 적에게 붙잡혔다.

윤자기가 항복을 권하니 장순이 크게 소리쳤다.

"내 역적을 한 입에 삼키고자 하였으나 힘이 부족하여 너희들에게 붙잡히고 말았다."

자기가 노하여 칼로 장순의 입을 찢었으나 장순은 꾸짖기를 멈추지 않았다.

"나는 임금을 위해 죽지만 너는 나라의 역적을 돕고 있으니 개돼지의 종자가 아니고 무엇이란 말인가. 내 어찌 개돼지에게 항복하리."

장순을 협박하여 항복을 받으려 했으나 끝내 굴하지 않고 죽고, 허원 역시 안록산에게 끌려가다가 언사 땅에 이르러 끝내 항복하지 않고 죽었다.

장허사수(張許死守)

자살로써 충성 지킨 유합

유합은 송나라 숭안 사람이다.

금나라에 사신으로 갔을 때, 금나라 정승이 유합에게 송나라를 버리고 금나라를 위해 일해 달라고 하면서 높은 벼슬로 유혹했다.

"내 일신의 영광을 위해 두 임금을 섬길 수는 없습니다."

유합이 거절했으나, 금나라는 온갖 부귀 영화를 보장하겠다며 끈질기게 유혹했다.

유합은 '열녀는 두 지아비를 섬기지 않고 충신은 두 임금을 섬기지 않는다 했다. 하물며 임금을 욕되게 했으니 신하로서 마땅히 죽을 수밖에 없다.' 는 내용의 편지를 써서 사람을 시켜 아들에게 전하라 부탁하고, 목욕재계하고 옷을 갈아입고 술을 한 잔 마시고, 목을 매어 죽었다.

금나라 임금은 유합의 충성에 감탄하고, 유합이 머무르던 절 서편 언덕에 묻고, 80일 후에 시신을 파내 다시 염습하였는데, 그 얼굴이 살아 있을 때와 똑같았다.

[지은이 생각]

유합의 행실은 현대 사회에서 이익에 따라 굴절하고 시세에 아부하는 사람들에게 따끔한 충고가 되는 예화다.

유합연생(劉韐捐生)

끝내 절하지 않은 부찰

　부찰은 송나라 맹주 사람이다.

　부찰이 금나라에 사신으로 가는데, 이 때 금나라 장수 알리불이 이미 군사를 일으켜 쳐들어오고 있었다.

　사람들이 부찰에게 "지금 몹시 위험하니 가지 마십시오." 하고 권했지만, 부찰은 "임금의 명을 받고 가다 난리를 만났다고 해서 가지 않는다면 신하의 도리가 아니다." 하고 가던 길을 멈추지 않았다.

　금나라로 가는 길에 알리불과 만났다.

　부찰이 알리불을 꾸짖었다.

　"두 나라가 화친하여 사신이 왕래하는데, 그대는 어찌하여 두 나라가 지켜 온 맹세를 저버리고 무모하게 군사를 일으켰는가?"

　알리불의 부하들이 부찰에게 엎드려 절하라고 강요했다.

　"나는 죽으면 죽었지 절할 수 없다."

　부찰이 완강히 거절하자, 알리불의 부하들은 부찰의 머리를 찍어 누르면서 땅에 엎드리게 했다. 그러나 부찰은 심어 놓은 나무처럼 꼿꼿이 서서 끝까지 굴하지 않았다.

　알리불은 끝내 부찰을 참하고 말았다.

[지은이 생각]
장수의 꿋꿋한 위용과 충의 정신을 잘 드러낸 일화이다.

톱으로 몸을 토막내 죽은 장흥

장흥은 당나라 속록 사람으로 요양 고을 비장이었다.

안록산이 반란을 일으켜 요양성을 칠 때, 장흥이 성을 지켜 오래도록 항복하지 아니했다.

안록산의 부하 사사명이 요양을 에워싸고 공격하여 마침내 장흥을 사로잡아 회유했다.

"그대는 훌륭한 장수다. 우리와 함께 부귀를 누리지 않겠는가?"

장흥은 꼿꼿이 고개를 들고 사사명을 꾸짖었다.

"우리 천자께서 안록산을 사랑하여 아들처럼 대하셨다. 그런데 안록산은 그 은혜를 모르고 감히 군사를 일으켜 백성을 도탄에 빠뜨렸다. 나는 대장부로서 흉적을 베지 못한 것이 한이 될 뿐이다. 그런 내가 어찌 흉적의 신하가 되랴."

"네 이놈, 입을 다물지 못할까?"

사사명은 장흥을 톱으로 썰어 죽이라고 명령했다.

톱이 몸을 토막내는데도 장흥의 입은 다물 줄을 몰랐다.

"네놈이 도적 안록산의 부하가 된 까닭은 부귀를 바라서이니, 마치 제비가 장막에 깃들이는 것과 같아 어찌 오래 평안할 수 있으리. 만약 네놈이 도적 안록산의 목을 베어 천자에게 바치면, 해가 도리어 복이 될 것이고, 부귀를 대대손손 누리지 않겠는가."

장흥은 숨이 끊어질 때까지 꾸짖기를 그치지 않았다.

112

장흥거사(張興鋸死)

아버지를 고발한 석연분

석연분은 당나라 때 서역 사람이다.

절도사 이회광이 연분을 사랑하여 양자로 삼았다.

이회광이 역적 주자와 함께 반란을 꾀하자, 석연분이 천자에게 밀고했다.

이회광이 그것을 알고 석연분을 불러 꾸짖었다.

"너는 나의 아들이 아니냐. 너는 이 아비를 저버려 집안을 망하게 하는구나."

"천자는 아버님을 믿고 신하로 삼았고, 아버님은 나를 믿고 심복으로 삼았습니다. 아버님이 천자를 배반하는데 내가 어찌 아버님을 저버리지 아니하겠습니까? 나는 오직 한 임금만 아는 신하입니다. 나는 역적이 아니니 죽어도 한이 없습니다."

이회광이 크게 노하여 군사를 시켜 석연분을 갈가리 찢어 먹으라 하였으나 그의 군사들은 모두 "석연분은 열사다. 빨리 죽게 하자." 하고 먼저 목을 베었다.

뒷날 천자가 석연분에게 병부상서를 추증하고 그의 가족에게 상금 삼백만 냥을 하사했다.

[지은이 생각]
중국에서는 서역을 서쪽 미개인이라 했다. 비록 미개인의 땅에서 태어난 사람이라도 의인은 대접받아야 한다는 것이다.

114

입 안 피를 적의 얼굴에 내뿜은 이약수

이약수는 송나라 명주 사람이다.

휘종이 금나라에 잡혀 갔을 때 이약수는 이부시랑으로 휘종을 모시고 있었다. 금나라에서 휘종을 핍박하여 황포를 벗기고 자기들의 옷을 입히려 했다.

이약수가 "금나라 오랑캐 놈들은 개와 같구나." 하고 꾸짖었다.

금나라 사람들이 이약수를 끌어내 마구 짓밟으니, 이약수는 얼굴이 깨지고 기절하여 땅에 널부러졌다.

금나라 장수 점한이 "그를 죽이지 말라." 했으나, 이약수는 밥을 먹지 아니하고 죽으려고 했다. 이약수의 종이 눈물로써 말했다.

"나으리, 늙으신 부모님을 생각하소서. 오늘 굴하더라도 어떡하든지 살아 돌아가서 늙으신 부모님을 모셔야 하지 않겠습니까?"

"이놈아, 충신이 어찌 오랑캐에게 머리를 숙일 수 있단 말이냐. 내가 죽거든 너는 우리 부모님께 급히 고하지 말고, 우리 형제에게 먼저 알려 형제들로 하여금 부모님께 알리도록 해라."

점한이 이약수를 불러 항복을 권유했으나 이약수는 끝까지 거부하고 점한을 꾸짖었다. 점한이 노해서 이약수의 입을 주먹으로 치니, 이약수는 입 안에 가득 괸 피를 점한의 얼굴에 내뿜었다.

점한은 분을 참지 못하고 칼로 이약수의 목을 째고, 그의 혀를 베어 죽였다.

116

약수효사(若水效死)

손가락 깨물어 혈서 쓴 양방예

양방예는 송나라 길수 사람이다.

고종 3년에 금나라가 쳐들어와 나라가 위태로웠다.

많은 장수와 관리들이 항복했으나, 양방예는 항복하지 않고, 손가락을 깨물어 옷깃에 혈서를 썼다.

"차라리 송나라 귀신이 될지언정 다른 나라 신하는 되지 아니하리라."

금나라 장수는 양방예의 곧은 충성에 감탄하고, 높은 벼슬을 조건으로 회유했다.

그러나 양방예는 "빨리 죽여 달라."면서 그들의 제의를 거절했다.

금나라 장수는 항복한 송나라 장수들을 거느리고 잔치를 베풀면서 양방예를 마당에 세워 두었다. 양방예가 목소리를 높여 항복한 송나라 장수들을 꾸짖었다.

"우리 임금께서 너희들에게 도적을 막으라 하였거늘, 오히려 도적과 한 편이 되어 잔치를 즐기다니, 너희들은 무슨 낯으로 나를 보는가?"

금나라 장수가 종이에 글자 둘을 써서 보이는데, 한 자는 죽을 사(死)자요 다른 한 자는 살 생(生)자였다.

양방예는 붓을 들어 죽을 사(死)자를 썼다. 금나라 장수는 하는 수 없이 양방예를 죽였다.

118

방예서금(邦乂書襟)

희생양이 된 악비

악비는 송나라 상주 사람이다.

오랑캐 난이 일어났을 때 고종을 모시고 남경으로 피란하면서 아내를 집에 두어 노모를 봉양하게 했다.

하북 땅이 다 오랑캐에게 짓밟히자, 악비는 열여덟 번이나 적진을 왕래하여 겨우 노모를 찾았는데, 이미 노모는 돌아가시고 말아, 악비는 노모의 무덤 곁에 띠집을 짓고 살았다.

악비는 고종이 보낸 친서를 여러 차례 받고 분연히 일어나 "내 맹세코 오랑캐를 멸하고 중원을 평화롭게 하리라." 하고 등에 '진충보국' 네 글자를 새기고, 싸움터로 나갔다.

악비는 싸움마다 이기고, 나아가는 곳에 대적할 적이 없었다. 고종이 깃발에 '정충(精忠)'이라는 두 글자를 써서 내렸다. 오랑캐들은 악비의 이 깃발을 보면 싸우지 않고 다 달아났다.

이 때 승상 진회가 오랑캐와 화친을 추진했는데, 오랑캐는 악비를 죽여야 화친에 응하겠다는 조건을 내세웠다. 진회가 악비를 모함하여 죽이려 하자 악비는 옷을 벗고 등에 새긴 '진충보국' 네 글자를 보여 주며 말했다.

"임금께서 내 마음을 아실 것이다."

진회는 거짓으로 조서를 꾸며 악비를 반역으로 몰아 죽였다.

사람들은 모두 슬퍼 울고 있는데, 오랑캐는 서로 축하하며 웃었다.

120

악비열배(岳飛涅背)

온 가족이 연못에 빠져 죽은 윤곡

윤곡은 송나라 담주 사람이다.

효공 2년에 형주 원이 되었으나 미처 부임하지 못하고 집에 있을 때, 원나라 군사가 쳐들어와 담주를 에워쌌다.

윤곡은 성을 지키지 못할 줄 알고, 두 아들의 관례를 미리 행했다. 그러자 사람들이 의아해 하며 항의했다.

"지금이 어떤 때인데 이런 일을 하고 있는가?"

"우리가 모두 죽게 되었으니, 아이들로 하여금 관과 의복을 제대로 갖추고 지하에 계신 조상을 뵈라는 뜻으로 하는 일이오."

윤곡은 아들들의 관례를 마치고 나서 대궐을 향하여 재배하고, 아우에게 말했다.

"너는 급히 달아나 가문을 보전하라. 나는 나라의 은혜를 입었으니 마땅히 죽으리라."

하고 말했다. 그러자 아우도 형님을 따라 죽겠다고 나섰다.

"형님이 죽으면 내가 어디로 가겠습니까? 형님을 따라 죽게 해 주십시오."

성이 함락되자 스스로 집에 불을 지르고, 온 가족이 모두 못에 빠져 죽었다.

[지은이 생각]
전 가족이 자살한다는 것은 너무 지나친 행동이라 볼 수도 있다

의병 일으킨 문천상

문천상은 송나라 말기의 길주 사람이다.

원나라의 많은 군사가 세 길로 쳐들어오니, 임금은 천하에 조서를 보내 구원병을 불렀다.

문천상은 임금의 조서를 받고 눈물을 흘리면서 의병을 일으켰다. 그러자 사람들이 비아냥거렸다.

"양떼를 몰아 호랑이를 잡겠다는 것과 무엇이 다른가?"

"나 또한 모르는 바 아니다. 그러나 나라가 위급한데, 가만히 앉아 있을 수는 없지 않은가. 내 죽기를 맹세하고 싸우리라."

문천상은 급조한 의병을 거느리고 적과 싸웠으나 대패하고 그 또한 적에게 잡힌 몸이 되고 말았다. 문천상은 독약을 삼켰으나 죽지 않았다.

이 때 장세걸이 임금을 모시고 배를 타고 바다로 달아났다.

원나라 장수 장홍범이 문천상을 닥달하여 장세걸을 부르는 글을 지으라 했으나 따르지 않고 여드레를 굶었지만 죽지 않았다.

원나라 정승이 다시 회유했으나 끝내 굴하지 않아 옥에 가두었다가 죽였는데 죽을 때는 남쪽을 향해 재배하고 죽었다.

며칠 후 그 아내가 시신을 거두었는데 얼굴이 살아 있을 때와 같았고 옷가지에서 '지금이나 후일에도 부끄러움이 없도다' 라는 글이 나왔다.

천상불굴(天祥不屈)

굶어 죽은 사방득

사방득은 송나라 신주 사람이다.

송나라가 망할 때 원나라 군사를 막아 싸우다 패하고 달아났다. 그는 이름을 바꾸고 산중에 들어가 베옷 입고 짚신 신고, 날마다 동향하여 통곡하니, 사람들이 다 미친 사람이라고 했다.

원나라 사람이 전국 방방곡곡에 방을 붙이고 그를 잡으려고 했다. 이때 사방득의 아내 이씨를 잡아 가두니 사방득은 창산사라는 절에 숨었다가 원나라 장수 위천우에게 붙잡혔다.

원나라 장수는 사방득을 사로잡아 원나라로 데려가려 했지만 사방득은 죽기로써 가지 않으려고 했다.

"이렇게 하려 했으면 왜 벌써 죽지 않았는가?"

"죽음이란 태산처럼 무거울 수도 있고, 터럭처럼 가벼울 수도 있으니 어찌 알리오."

사방득은 스무 날을 밥을 먹지 않았지만 죽지 않고, 연경으로 잡혀 갔다. 연경에서 효공이 잡혀 가 있는 곳을 물어, 그 곳을 향해 절하고 통곡한 뒤 민충사라는 절에 머물렀다.

바람벽 사이에서 효녀 조아의 비라는 글을 보고 울며 말했다.

"조아는 어린 여자아이인데 아비를 위해 죽었다. 어찌 조아만 못하리오."

이에 방득은 밥을 먹지 않고 끝내 굶어 죽었다.

126

방득불식(枋得不食)

입이 찢겨 죽은 진화상

진화상은 금나라 사람이다.

몽고군이 쳐들어오자, 진화상은 선봉이 되어 싸울 때마다 이기다, 삼봉 땅에서 패하고 잠깐 숨어 있다 나와 이렇게 말했다.

"나는 금나라 대장 진화상이다. 어지러운 싸움터에서 죽으면 사람들이 알지 못하고 나라를 저버렸다 할 것이다. 나는 오늘 분명히 죽어 모든 사람으로 하여금 알게 하리라."

진화상은 몽고군에게 붙잡혔으나 항복하지 않고, 발목이 잘리고 입이 귀까지 찢기는 고문을 당했다. 진화상은 입으로 피를 뿜으며 끝까지 항복하지 않고 죽었다.

몽고군도 진화상의 지조에 찬탄을 보내며 "과연 남자다."라고 칭찬했다.

이 때 진화상의 나이는 마흔 한 살이었다.

금나라에서 벼슬을 추증하고 돌에 새겨 그 충절을 기록했다.

[지은이 생각]

자신의 행복이 오해를 남길까 염려해서 오해의 소지를 없애려고 선명하게 죽어 간 남자의 이야기다.

발목이 잘리고 입이 찢겨져도 항복하지 않고 죽음을 택한 진화상의 예화에서 우리는 '정신' 의 가치를 읽을 수 있다.

화상손혈(和尙噀血)

임금 유해를 거둔 강산

강산은 금나라 애종 때 사람이다.

애종이 원나라 군사에게 붙잡혀 유란헌에서 목매 죽으니 사열이 따라 죽으며 강산에게 유란헌에 불을 지르라고 부탁했다.

유란헌에 불길이 솟자 원나라 군사가 몰려왔다. 임금을 모시던 신하들은 모두 달아났으나 강산이 홀로 달아나지 않고 있다가 붙잡혔다.

"남들은 모두 달아났는데 너는 왜 달아나지 않았는가?"

"우리 임금이 여기서 죽었다. 나는 불이 꺼지기를 기다렸다 임금의 유해를 거두어 묻으려 한다."

"너는 곧 죽게 될 것인데, 언제 네 임금의 유해를 묻을 수 있단 말인가."

"우리 임금이 천하를 다스리신 지 10여 년인데, 어찌 죽은 군사들처럼 버려 둘 수 있단 말인가. 내게 임금의 유해를 묻을 시간을 준다면, 그 담에는 마디마디 베어져 죽더라도 한이 없을 것이다."

원나라 장수가 가상히 여기고 그렇게 하도록 허락했다.

강산은 불타고 남은 임금의 뼈를 거두어 이불에 싸서 묻고 두 번 절하고 통곡하고, 물에 빠지려 했다. 그러자 원나라 군사들이 달려가 물에서 건져 냈다.

그 후 강산이 간 곳을 아는 사람은 아무도 없었다.

홀로 적을 막아 싸우다 죽은 곽하마

곽하마는 금나라 회주 사람으로 도하원수 벼슬을 한 사람이다.

금나라가 망할 때 원나라 군사가 쳐들어오자 서주의 모든 고을이 항복했지만, 곽하마 홀로 외로이 성을 지켰다.

식량이 다하여 말과 소를 잡아 군사를 먹이고, 섶을 집 앞에 쌓아 불을 놓고, 군사들은 활을 당겨 적을 기다렸다.

성을 에워쌌던 수많은 적군이 한꺼번에 공격해 오자 죽음으로써 맞서 싸웠으나 화살이 다하고, 군사들은 앞다투어 불 속으로 뛰어들어 죽었다.

곽하마는 홀로 문짝으로 몸을 가리고 화살 3백여 대를 쏘아 적을 무수히 죽이고, 화살이 다 떨어지자 활과 칼을 불 가운데 던지고 스스로 불에 들어가 죽으니 그의 나이 사십 오세였다.

이에 성안에서 한 사람도 항복하는 사람이 없었다.

그가 죽은 뒤 성 사람들이 사당을 세워 제사를 지냈다.

[지은이 생각]

죽게 되어 있는 길을 가는 사람, 지게 되어 있는 싸움을 포기하지 않는 사람, 그 사람들이 지킨 것은 명분이고 정신이다. 그런 사람들의 명분과 정신이 세상을 지키는 기준이 되어 후세에 이어진다.

온가족이죽은보안

보안불화는 원나라 사람으로 참지 정사 벼슬을 했다.

강남 지역을 순시할 때 건녕 땅에서 도적 진우량의 장수와 싸워 여러 번 이기고 익도 땅을 지켰다.

그 때 명나라 군사가 쳐들어와서 성을 쳤다. 보안은 성을 지키며 힘써 싸웠으나 역부족으로 지키지 못했다.

보안은 어머니에게 하직 인사를 올렸다.

"소자는 충과 효 두 가지를 다 지키지 못하게 되었습니다. 다행히 두 아우가 있으니 이들이 어머니를 봉양할 것입니다."

명나라 장수는 보안의 어진 이름을 듣고 거듭 항복을 권했으나 끝내 거부하자 보안을 죽였다.

"나는 원나라 신하로 벼슬이 높았다. 일이 이 지경에 이르렀는데, 어찌 살기를 바라겠는가."

보안이 끝내 항복하지 않고 죽음을 택하자, 그 아내 또한 아들을 안고 우물에 빠져 죽었다. 그러자 딸과 손녀와 두 동생의 아내들도 각각 어린아이를 안고 우물에 빠져 죽었고, 종들까지 다 따라서 빠져 죽었다.

[지은이 생각]
신념이 얼마나 위대한 것인가를 단적으로 보여주는 예화다. 종들까지 따라서 죽는다는 것은 보통의 믿음이 있지 않으면 안 된다.

불에 태워져 죽은 박제상

박제상은 신라 시조 박혁거세의 후손이다.

신라 실성왕의 두 아우가 하나는 왜에, 하나는 고구려에 볼모로 잡혀 있었다. 왕이 두 아우를 몹시 보고 싶어하므로 박제상이 고구려에 가 눌지왕을 설득해서 볼모를 풀어 주게 하고, 또 왜에 가서 왜왕을 속이고 왕자를 몰래 배에 태워 신라로 보냈다.

"내가 함께 가면 왜왕이 눈치채고 추격할 것입니다. 그러니 혼자 가십시오. 나는 남아서 왜왕을 속이고 있겠습니다."

박제상은 홀로 왜에 남았다. 왜왕이 나중에야 신라 왕자가 달아난 것을 알고 제상을 가두고 연유를 물었다.

"나는 신라 신하로 우리 임금의 뜻을 읽음이로다."

왜왕이 크게 노해서 "감히 신라 신하라 하면 반드시 죽일 것이다." 하고 박제상의 발바닥 가죽을 벗겨서, 갈대를 베어내고 뾰족뾰족한 갈대 그루터기 위로 끌고 가며 물었다.

"너는 누구의 신하인가?"

"나는 신라 임금의 신하다."

왜왕은 박제상을 불에 달군 쇠 위에 세워 놓고 물었다.

"너는 누구의 신하인가?"

"나는 신라 임금의 신하다."

왜왕은 박제상이 굴복하지 않자 불에 태워 죽였다.

상소 올린 정추와 이존오

정추는 고려 시대 청주 사람이고 이존오는 경주 사람이다.

공민왕이 신돈을 신임하여 나라가 어지러워지자, 정추와 이존오는 상소를 올려 신돈의 여러 죄상을 일일이 밝혔다.

공민왕이 노하여 두 사람을 불러 꾸짖는데, 신돈이 공민왕보다 상좌에 앉아 있는 것을 보고 이존오가 눈을 부릅뜨고 꾸짖자, 신돈이 황망히 상좌에서 물러나 앉으니 공민왕이 더욱 노하고 이춘부에게 명령하여 사주한 자를 색출하라 했다.

"누가 너에게 상소를 올리라고 하더냐?"

"임금이 몹쓸 놈에게 정사를 맡겨 나라가 망하게 되었는데, 어찌 남의 지시를 받고 상소를 올리겠습니까?"

신돈이 사람을 시켜 이존오를 달래며 자신을 미워하는 사람을 대라고 하니 존오가 꾸짖었다.

"간관이 되어 나라 도적을 탄핵한 것인데 어찌 남을 대리오."

신돈과 공민왕이 이 두 사람을 죽이려고 했으나, 이색이 중간에서 말려 귀양 보내는 선에서 마무리지었다.

이존오가 귀양지에서 병들어 죽을 때, 사람들이 붙안고 일으켜 앉히자 존오가 말하기를

"신돈이 아직 살아 있는가? 그놈이 죽어야 내가 죽으리라."

하고는, 자리에 눕자마자 죽었다.

138

정이상소(鄭李上疏)

고려 충신 정몽주

정몽주는 영일 사람이다.

고려가 망할 때 정승 자리에 있었는데, 이성계에게 천명과 인심이 돌아가고 조준과 정도전과 남은 등은 이성계를 도왔다.

정몽주가 근심하여 이들을 논박하여 귀양 보내게 했다.

의안 대군과 흥안 대군 등이 조영규에게 충동질했다.

"지금 우리는 크게 위태롭다. 너희들은 이 위기를 극복하기 위해 힘쓰라."

조영규가 길에 숨었다가 정몽주를 쇠몽둥이로 쳐 죽였다.

이성계가 이 말을 듣고 크게 노해 병들었다.

그 후 태종이 즉위하여 정몽주의 고려에 대한 충성을 아름답게 여기고 문충공이라는 시호를 내렸다.

[지은이 생각]

이방원이 정몽주를 회유하기 위해 지었다는 '하여가' 는 '이런들 어떠하며 저런들 어떠하리/만수산 드렁칡이 얽혀진들 어떠하리/우리도 이렇게 하여 천년만년 살고저' 라고 했다. 이 시에 정몽주는 '이 몸이 죽고 죽어 일백번 고쳐 죽어/백골이 진토되어 넋이라도 있고 없고/임 향한 일편단심이야 가실 줄이 있으랴' 라는 '단심가' 로 응대한다. 옛날 정치인들의 멋이 그리워진다.

140

몽주운명(夢周殞命)

나라가 망하자 낙향한 길재

길재는 고려 해평 사람으로 고려가 망하자 벼슬을 버리고 고향으로 돌아갔다.

조선의 태종이 동궁으로 있을 때 부르니 출두하였으나 벼슬을 내리자 받지 않고 글을 올려 청했다.

"신하는 두 임금을 섬길 수 없으니, 저를 가만히 두어 늙은 어머니를 봉양하며 살게 해 주십시오."

정종이 권근에게 물었다.

"길재가 절개를 지켜 벼슬을 받지 않으니 어찌 하면 좋겠소?"

"한나라 때 엄자릉이 벼슬을 받지 않자, 광무제는 그 뜻을 좇아 놓아 보냈습니다. 길재도 제 마음대로 하게 하소서."

정종은 권근의 말에 따라 길재를 더 이상 부르지 않았다.

그 후 세종은 태종의 명을 받들어 길재의 아들에게 벼슬을 내리고, 길재에게는 좌사간을 추증했다.

[지은이 생각]

정몽주가 조선에 적극적으로 저항한 지식인이었다면 길재는 소극적으로 저항한 지식인이었다.

정몽주는 죽고 길재는 살았지만, 길재의 충성도 지금까지 이야기되는 것은 꼭 죽음만이 충성의 길이 아니라는 것을 보여 준다. 곧 충성의 길에도 여러 갈래가 있다는 것을 알 수 있다.

홀로 적진에 뛰어든 김원계

김원계는 조선 사람으로 변방을 지키는 무장이었다.

왜가 선주(宣州)를 침노하자 김원계는 군사를 거느리고 나가 왜병을 크게 무찔렀다.

김원계는 달아나는 적을 쫓아 적진 가운데로 지쳐들어갔다 죽고 말았다.

김원계의 공을 알고 신하들이 상소를 올렸다.

"김원계는 용맹무쌍한 무장으로 군사를 거느리고 위태한 성을 지켰습니다. 홀로 적진을 휘젓다가 힘이 다하여 죽었습니다. 한 몸으로써 만민의 목숨을 바꾸었으니, 그 공이 혁혁합니다. 청컨대 관작을 추증하고, 사당을 세워 주고 자손에게 벼슬을 내려 충혼을 위로하여 주십시오."

임금이 상소에 따랐다.

[지은이 생각]

무장의 임무는 적을 물리치는 데 있다.

전장의 살얼음 속을 종횡무진 누비면서 적을 무찌르다 전장에서 산화하는 무장의 생애야말로 진정한 사나이의 아름다운 모습이 아니겠는가.

144

원계함진(原桂陷陣)

③ 배우자를 사랑한 사람들

뜻있는 선비는 도천(盜泉)의
물을 마시지 않고
청렴한 사람은 혀를 차며 주는
음식을 먹지 않는다〈악양자 부인〉

지사 불음도천지수(志士不飮盜泉之水)
염자 불수차래지식(廉者不受嗟來之食)

시앗을 사랑한 포소의 아내

춘추 시대 송나라 사람 포소가 위나라에서 3년 동안 벼슬을 살면서 첩을 얻었다.

그의 아내는 시어머니를 더욱 공경하여 봉양하고, 지아비에게 문안 올리는 사람을 보낼 때면 꼭 시앗(첩)에게도 재물을 넉넉히 보냈다.

이런 처사를 보고 손윗동서가 말했다.

"남편은 이미 다른 여자를 사랑하는데 자네는 어찌 하여 집을 나가지 않는가?"

"여자가 한번 혼인하면, 비록 남편이 죽어도 절개를 고치지 아니하고, 길쌈하고 음식을 갖추어 시부모를 섬기는 것이 도리인데, 남편 사랑이 전과 같지 않다고 해서 절개를 바꿀 수 있단 말입니까? 저는 칠거지악 가운데 시샘이 가장 나쁜 것이라고 배웠는데, 형님께서는 나더러 가장 나쁜 죄를 지으라 하십니까?"

그녀가 시어머니 섬기기를 더욱 공경하니, 송나라 임금이 듣고 정문(靖門)을 내리고 여종(女宗)이라 했다.

[지은이 생각]

여종(女宗)이란 여성의 모범이 되는 으뜸된 사람을 일컫는다. 열녀 중에서도 여종으로 추앙받는 사람은 몇사람 안 된다.

남편을 곡한 기양식의 아내

제나라 장공이 거 땅을 칠 때 기양식이 싸우다 죽었다.

장공이 싸움을 끝내고 돌아오는 길에 기양식의 아내를 만났다.

장공은 사람을 시켜 문상했다. 그러자 기양식의 아내가 이렇게 말했다.

"저의 남편은 죄를 짓고 죽은 것이 아니온데, 내 집을 두고 어찌 길에서 문상을 받겠습니까?"

장공은 그 말을 옳게 여기고 집으로 찾아가 문상하고 갔다.

기양식의 처는 자식과 친척이 없는지라, 남편의 시신을 성 아래 누이고 슬피 울었다. 지나가는 사람이 다 눈물을 흘렸다. 이렇게 열흘을 우니, 성이 저절로 무너졌다.

기양식의 시신을 묻고 나자 기양식의 처는

"여자라면 반드시 의지할 곳이 있는데, 위로는 부모가 없고 가운데로는 남편이 없고 아래로는 자식이 없어, 내 정성과 절개를 보여 줄 곳이 없으니 나 또한 죽을 수밖에 없다."

이렇게 말하고 강에 빠져 죽었다.

[지은이 생각]

사람의 목숨은 하나인데 죽는다는 것은 지나친 것 같지만 절개를 생명으로 여겼던 옛 사회에서는 절개를 위해 생명을 버리는 것이 곧 여자의 의였다.

병든 남편 버리지 아니한 송녀

채나라 사람의 아내는 송나라 사람의 딸이었다.

남편에게 나쁜 병이 있어, 친정 어머니가 딸을 데려오려 했다.

송녀가 어머니에게 말했다.

"남편의 불행은 나의 불행입니다. 여자가 한번 남편을 맞으면 죽을 때까지 섬겨야 한다고 배웠습니다. 불행히도 남편에게 병이 있다 하나 제게 큰 변고가 없고, 남편 또한 저를 버리지 않는데 어찌 제가 남편을 버릴 수 있겠습니까."

송녀는 끝내 어머니의 말을 따르지 않고 남편을 섬겼다.

[지은이 생각]

부부간의 관계가 '사랑' 또는 '애정' 이라는 단 한 가지 조건으로 모아지고 있는 요즘 사람들에게는 고개가 갸웃거려지는 이야기일지 모른다.

그러나 부부간의 관계는 '사랑' 과 '애정' 못지 않게 '약속' 이라는 가치가 더 중요한 거멀못으로 작용한다는 것을 알아야 한다. 둘이 함께 일생을 함께하자는 약속은 어떤 경우에도 깨거나 버릴 수 없는 신성한 약속이기 때문이다.

이 약속이 오늘날에는 쉽게 파괴되고 있다. 시대의 변화인가 인심의 타락인가.

코를 베어 버린 고행

고행은 양나라 여자다.

일찍이 남편을 잃고 홀로 되어 수절하고 있었다.

양나라 양반집 남자들이 다투어 고행을 아내로 얻고자 했으나 뜻을 이루지 못했다.

임금도 고행이 아름답다는 말을 듣고 정승을 시켜 궁궐로 데려오게 했다.

고행은 정승에게 이렇게 말했다.

"여자의 도리는 한번 남편을 맞으면 다시 고쳐서는 안 된다고 배웠습니다. 의를 버리고 부귀를 좇는 것은 사람으로서 할 짓이 아닙니다."

말을 마친 고행은 칼로 코를 베어 버리고 나서

"임금이 나를 얻으려 함은 색을 취함이니, 이렇게 코를 베어 형벌을 받은 사람이 되었으니 어디다 쓰겠는가. 내가 죽지 못함은 어린 자식 때문이다."

하고 말했다.

양나라 왕이 이 말을 듣고 그 행실을 높이 여겨 '고행(高行)'이라 일컬었다.

[지은이 생각]
고행이란 행동이 지고하고 고상하며 청순함을 일컫는다.

고행할비(高行割鼻)

남편 대신 죽은 절녀

절녀(節女)는 한나라 장안 사람이다.

시집오기 전부터 남편과 원수진 사람이 있었는데, 그 사람은 남편을 죽이려고 온갖 짓을 다했다.

그 사람은 절녀의 효심이 지극하다는 말을 듣고, 절녀의 친정 아버지를 협박했다.

"당신 딸에게 사위를 죽이라 하라. 그렇지 않으면 당신을 죽이겠다."

친정 아버지가 협박을 이기지 못하고 절녀를 불러 남편을 죽여야만 자신이 살 수 있다고 했다.

절녀는 거짓으로 남편을 죽이겠다고 허락하고 이렇게 말했다.

"내일 밤, 다락 위에서 새로 머리를 감고 동쪽으로 누워 있는 사람이 내 남편이니 와서 죽이라고 하세요. 내가 문을 열어 놓고 기다리겠습니다."

절녀는 남편에게 다른 곳에서 자게 하고, 자신은 목욕하고 남편 옷으로 갈아 입은 뒤 다락 위 남편이 누웠던 자리에 누웠다.

밤이 깊어 원수진 사람이 와, 절녀의 말대로 다락 위에 머리를 풀어헤치고 동쪽으로 누워 있는 사람의 머리를 베어 가져가서 보니 절녀의 머리인지라, 그 사람은 절녀의 행동에 감동하여 절녀의 남편을 죽일 생각을 버렸다.

156

절녀대사(節女代死)

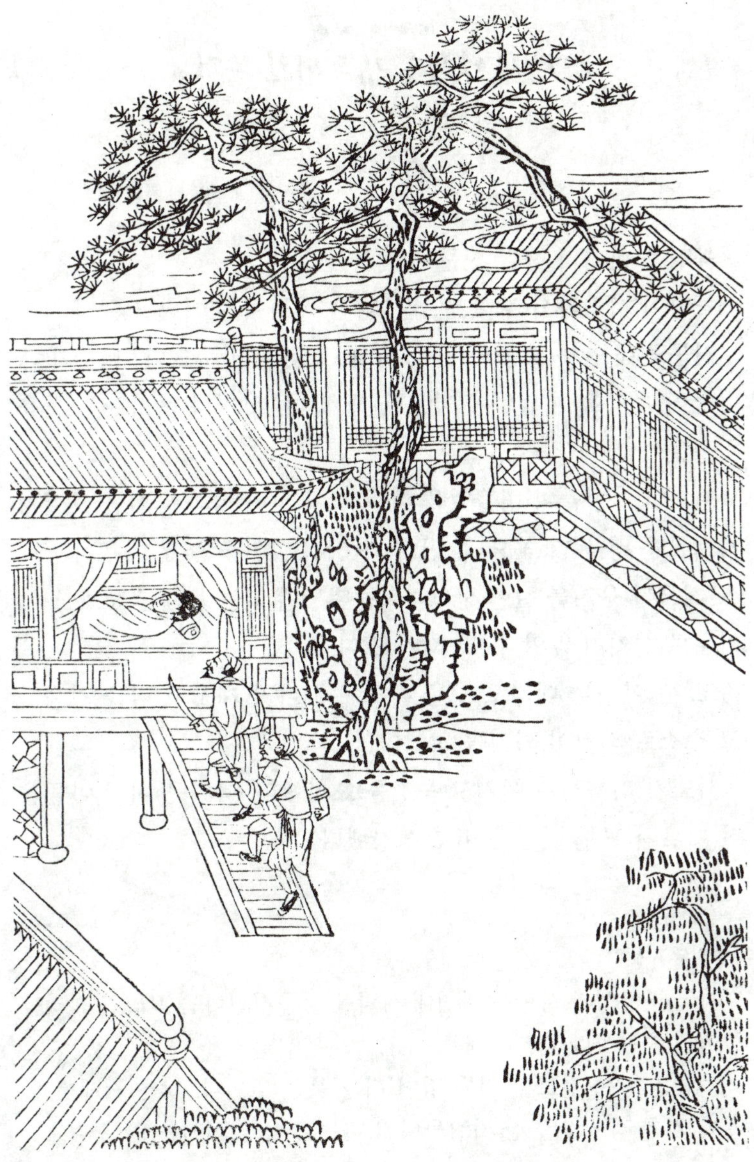

절녀대사(節女代死)

전처 아들을 감동시킨 목강

목강은 한나라 사람 진문구의 후처다.

목강이 시집와서 보니 전처가 낳은 아들이 넷이나 있었다.

진문구가 안중 고을의 원이 되어 그 곳에서 죽으니, 전처의 네 아들이 목강을 미워함이 날로 심해 갔다. 그러나 목강은 그들을 친아들처럼 사랑했다.

전처의 맏아들이 병들었을 때 목강이 친히 약과 음식을 보살펴 자애로운 정을 다 쏟으니, 병이 나은 뒤 맏아들은 세 아우에게

"계모가 우리를 깊이 사랑하시는데도 우리는 은혜를 모르고 어머니로 섬기지 않았다. 그 죄가 크다."

하고 세 아우를 데리고 고을 사또에게 나가 계모의 덕을 칭송하고 스스로 죄인이 되기를 청했다.

사또가 기특하게 여기고 목강을 표창했다. 목강은 여러 아들을 잘 가르쳐 모두 어진 선비로 성장했다.

[지은이 생각]

지극한 정성과 사랑은 마침내 사람을 감동시킨다는 평범한 진리를 증거해 주는 예화다.

사랑은 낳은 정보다 기른 정이 더 애틋한 법이다. 낳은 정에만 얽매여 기른 정을 외면한 사람들이 많다는 것을 잊어서는 안 된다.

158

목강무자(穆姜撫子)

바르게 살다 죽은 악양자의 아내

한나라 사람 악양자가 길에서 금 한 덩어리를 주워 가지고 와서 아내에게 주었지만 아내는 금을 받지 않았다.

"제가 알기로 뜻있는 선비는 도천(盜泉)의 물을 마시지 않고, 청렴한 사람은 혀를 차며 주는 음식을 먹지 않는다 했습니다. 어찌 길에서 주운 물건을 받아 제 행실을 더럽히리까."

악양자는 아내의 말을 듣고 부끄러워 금을 도로 길에다 내버렸다.

그 후 악양자는 스승에게 글을 배우러 가서 7년 동안 돌아오지 않았다. 악양자의 아내는 살림이 옹색한 중에도 시어머니를 지성으로 봉양하며 남편 뒷바라지를 했다. 어느 날 시어머니가 이웃집 닭을 잡아 막 먹으려 하는데 악양자의 아내가 울면서 탄식했다.

"집이 가난하여 남의 집 닭고기로 밥상을 차렸으니 이보다 큰 불효가 있을까."

며느리의 탄식을 듣고 시어머니는 부끄러워서 닭고기를 버렸다.

집에 도둑이 들어 악양자의 아내를 범하려고 먼저 시어머니를 협박하자 악양자의 아내가 칼을 들고 쫓아나왔다.

도둑이 "네년이 내 말을 듣지 않으면 이 늙은이를 죽이리라." 하고 협박했다.

악양자의 아내는 하늘을 우러러 탄식하고 들고 있던 칼로 자신의 목을 찔러 죽었다.

160

정의문사(貞義刎死)

매맞아 죽은 예종

한나라 사람 황보규가 죽었는데, 그의 아내 예종은 아직 젊고 예뻐서 소문이 났다.

정승 동탁이 예종의 아름다움을 듣고 수레 백 대와 말 스무 필과 노비와 재물을 주고 데려가려 했다.

예종이 동탁의 집에 가서 슬피 울면서 '저를 가만 내버려 두어 달라'고 사정하자, 동탁이 많은 군사들에게 에워싸게 하고 칼을 들이대며 예종을 협박했다.

"내 위엄이 천하를 떨게 하는데 어찌 한 계집을 이기지 못하리."

동탁의 협박에 예종은 욕을 면하지 못할 것을 알고 꼿꼿이 서서 동탁을 꾸짖었다.

"너는 오랑캐의 씨라 독하구나. 천하를 다 처먹고도 만족할 줄 모르고 나를 핍박하는가."

동탁이 대노해서 예종의 머리를 수레에 매달고 매를 어지러이 쳤다.

매를 맞으면서 예종은

"매를 더 쳐서 나를 쉽게 죽게 하라."

예종이 마침내 수레 아래서 죽으니, 후세 사람이 그녀의 초상을 그리고 이름하여 '예종(禮宗 : 예절의 으뜸, 예의 표징, 모범)'이라 했다.

예종매탁(禮宗罵卓)

남편 살리고 죽은 원강

원강은 한나라 사람 성도의 아내인 조씨의 자다.

건안 5년에 익부의 난이 일어났을 때 적에게 패하여 성도와 원강 부부가 옥에 갇혀 죽게 되었다.

원강이 밤중에 성도에게 가만히 귀엣말로 말했다.

"법에는 일정한 법률이 있어서 이제는 살길이 없으니 당신은 빨리 도망하여 가문을 보전하세요. 제가 당신을 대신하여 옥에 남아 있겠습니다."

원강은 성도의 칼과 족쇄를 벗기고, 양식까지 주어서 어린 아들을 데리고 달아나게 했다.

원강은 남편이 멀리 도망간 뒤 사실을 고하고 처형되었다.

뒷날 성도는 사면을 받고 돌아와 살면서 아내의 의(義)에 감화되어 죽을 때까지 다른 아내를 얻지 않았다.

[지은이 생각]

남편을 살리고 대신 죽은 아내나, 그 아내를 기려서 죽을 때까지 다른 아내를 얻지 않은 남편이나, 다 '신의(信義)'가 무엇인지를 후세의 부부에게 가르쳐 주는 예화다.

'사랑'이란 내 목숨보다 더 아끼는 것이고 그렇기 때문에 그 사랑을 잊지 않고 간직하는 것이 아닐까?

귀를 잘라 버린 영녀

위(魏)나라 사람 문숙의 아내 영녀는 하후문녕의 딸이다.

남편 문숙이 일찍 죽자, 영녀는 '나는 나이가 젊고 자식이 없으니 친정에서 재혼하라고 할 게 분명하다.'고 생각하고, 즉시 머리카락을 잘라 재혼할 의사가 없음을 나타냈다.

친정 부모가 아랑곳하지 않고 재혼을 강요하자. 영녀는 귀를 베어 버리고, 남편의 사촌인 조상의 집으로 들어가 살았다.

그러나 조상이 반역죄에 연루되어 시집이 모두 망하고 말았다. 하는 수 없이 친정으로 피신해 온 영녀에게 친정 부모는 재혼하라고 설득했다. 영녀는 거짓으로 허락하여 부모를 안심시키고, 밤중에 칼로 코를 베어 버리고 이불을 뒤집어쓰고 누웠다.

어머니가 이상하게 생각하고 이불을 젖히니 피가 흥건한지라, 온 집안이 발칵 뒤집혔다.

"사람으로서 어찌 자신을 저렇게 괴롭히는가? 시집이 다 망했는데 누구를 위해 절개를 지키려 하는가?"

"어진 사람은 집안의 성쇠로써 뜻을 고치지 않고, 의로운 사람은 일신의 존망으로써 마음을 바꾸지 않는 법입니다. 시집이 잘살았을 때도 그 집 귀신이 될 생각을 가졌다면 시집이 망했다고 해서 버릴 수는 없는 일입니다."

영녀는 끝까지 시집을 버리지 않았다.

영녀절이(令女截耳)

제비도 감동한 왕씨

왕씨는 남북조 때 송나라 위경유의 아내다. 나이 열여섯에 청상이 되자, 친청 부모와 시부모가 모두 재혼을 권했다. 그러자 왕씨는 칼로 귀를 잘라 버리고 재혼하지 않겠다고 맹세한 후, 남편의 무덤 앞에다 나무 수백 그루를 심으며 살았다.

그 나무 가운데 잣나무 두 그루가 하나로 붙어 자라다 한 해 뒤에 다시 나누어진 것을 보고 왕씨가 글을 지었다.

묘 앞에 한 그루 잣나무

뿌리 얽히고 가지 어우러졌네

내 마음이 나무를 감동시켰는가.

성이 무너진 것이 어찌 기이하랴!

왕씨의 집 처마에 제비가 깃들이어 쌍쌍이 오가다가 어느 날 암제비 외로이 날아다니니, 왕씨가 실을 제비 발에 매어 표시를 해 두었다. 이듬해 다시 온 제비는 여전히 홀로였다.

왕씨는 다시 글을 지었다.

지난해 짝이 없이 홀로 가더니

올봄에 홀로 돌아왔구나.

가신 님 정 못 잊어 차마 쌍으로 날지 않는가.

이 글을 보고 사람들은 왕씨를 아름답게 여겨 왕씨 집 앞에 정문을 세우고 '정의 위부지문(貞義衛婦之門)'이라 했다.

168

왕씨감연(王氏感燕)

화살에 맞아 죽은 최씨

수나라 조원해의 아내 최씨는 예절바르기로 소문난 여자다.

어느 해 난리가 일어나 부부는 난을 피해 장안으로 가다 길에서 도적을 만났다.

조원해는 겨우 목숨을 건져 도망가고 최씨는 붙잡혔는데, 도적의 두목이 최씨를 아내로 삼으려 했다.

"나는 사대부의 딸이며 재상의 며느리이다. 죽을지언정 어찌 도적의 계집이 되겠는가."

최씨가 시퍼렇게 반항하자 도적들은 최씨를 결박하여 꿇어앉히고 핍박했다.

최씨는 이러다 도적들에게 겁탈을 당하지 않을까 두려워, 거짓으로 따르는 척했다.

"이제 힘이 다하였으니 너의 뜻에 따를 수밖에 없구나."

그러자 도적이 참말로 알고 최씨의 결박을 풀어 놓았다.

최씨는 재빨리 도적의 칼을 빼앗아 쥐고 나무에 등을 대고 서서 소리쳤다.

"나를 죽여라. 그러면 나는 여기서 죽겠지만, 나를 겁탈하면 이 칼로 찌를 것이다. 죽고자 하는 사람은 가까이 오라."

도적의 두목이 크게 화를 내며 죽이라 명령하니 화살을 어지러이 날려 최씨를 쏘아 죽였다.

머리카락을 자른 숙영

당나라 사람 이덕무의 아내 배씨는 자가 숙영인데 시집간 지 겨우 1년 만에 남편이 죄에 연루되어 귀양가게 되었다.

이덕무가 귀양지로 떠나면서 숙영에게 말했다.

"나는 이제 귀양 가면 다시 돌아올 기약이 없소. 당신은 다른 사람에게 개가할 것이니, 오늘이 우리에겐 영이별하는 날이구려."

"지아비는 하늘이라고 배웠습니다. 어찌 내가 당신을 배신하겠습니까. 죽어도 다른 뜻을 갖지 않을 것입니다."

숙영은 이렇게 다짐하고 귀를 베어 맹세하려 했다. 그러자 사람들이 칼을 빼앗아 말렸다.

숙영은 그 날부터 화장을 하지 않고, 열녀전을 읽다 개가하지 않은 여자의 이야기를 보면, "여자가 두 집의 마당을 밟지 않는 것은 응당 해야 할 당연한 일인데, 무엇이 이상하다고 책에 기록했단 말인가." 하고 말했다.

그로부터 10년이 지나도록 남편이 돌아오지 못하니, 친정 아버지가 재혼할 것을 권했다. 숙영이 머리카락을 자르고, 밥을 먹지 아니하므로 아버지도 숙영의 뜻을 꺾지 못했다.

이덕무는 귀양지에서 다른 아내를 얻어 살다 사면되어 돌아오던 중, 숙영이 수절하고 있음을 알고, 후처를 내보내고 숙영과 다시 부부가 되어 살았다.

숙영단발(淑英斷髮)

손가락을 자른 위씨

당나라 사람 번언침의 아내 위씨는 남편이 병들어 눕자 자기도 따라 죽겠다고 말했다.

"당신의 병이 중하여 죽음이 눈앞에 있는데, 내 어찌 홀로 살아 당신이 죽는 것을 볼 수 있겠는지요."

"태어나고 죽는 것은 하늘의 뜻이요 인력으로는 할 수 없는 일이니, 당신은 어린 자식들을 길러 크는 것을 보아야 하오. 나를 따라 죽을 생각일랑 아예 하지 마시오."

번언침은 이렇게 당부하고 죽었다.

번언침이 죽은 후에 서경업의 난이 일어나 위씨는 도적에게 잡혔다. 도적은 위씨가 음악에 조예가 깊은 것을 알고, 위씨에게 아쟁을 타라 요구했다.

"슬프구나. 남편을 따라 죽지 못하고 오늘 풍류를 강요당하니 이는 나의 탓이다."

위씨는 울면서 손가락을 잘라 버렸다.

도적의 우두머리가 위씨를 아내로 삼으려고 위씨의 목에 칼을 겨누고 "내 말을 들으면 죽이지 아니하리라." 위협하니, 위씨가 크게 꾸짖었다.

"개 같은 도적놈아, 사람을 겁박하지 말고 빨리 죽여라."

도적은 위씨의 마음을 돌이키지 못할 것을 알고 죽였다.

팔을 잘라 버린 이씨

이씨는 오대 때 왕응의 아내다.

왕응은 곽주에서 벼슬을 살다 그 곳에서 죽었다. 슬하에 아들 하나를 두었고, 집안은 몹시 가난했다.

이씨는 아들을 이끌고 남편의 해골을 지고 고향으로 돌아가다 개봉 고을에 이르렀다. 날이 저물어 여관에 들어 자고 가려 하는데, 여관 주인이 이씨의 행색을 보고 손목을 이끌어 내쫓았다.

이씨는 하늘을 우러러 탄식했다.

"나는 여자로 태어나 남에게 손목을 잡혔으니 어찌 한 손의 더럽힘으로 온몸을 더럽힐 것인가."

이씨는 도끼로 팔을 찍어 버렸다. 이를 본 사람들은 눈물을 흘리지 않은 이가 없었다.

개봉 고을 사또가 이 말을 듣고 조정에 아뢰어 장례를 도와주고 약을 주어 팔을 치료케 한 뒤 여관 주인을 붙잡아 죄를 주었다.

[지은이 생각]

남자에게 손목을 잡혔다고 해서 그 손목을 잘라 버리다니 그 결벽이 병적이라는 생각이 든다. 남자가 음심을 품고 손목을 잡았다면 또 모르겠다. 단지 밖으로 끌어내기 위해 손목을 잡았을 뿐인데, 그랬다고 해서 잡힌 손목을 자르다니, 너무 지나친 결벽증이 아닐까. 현대 사회의 규범으로는 얼른 이해가 가지 않는 일이다.

176

이씨부해(李氏負骸)

목매 죽은 조씨

조씨는 송나라 패주 사람이다. 왕측이 난을 일으켜 세상이 어지러웠다. 왕측은 조씨의 미모가 뛰어나다는 말을 듣고 핍박하여 아내로 삼으려 했다.

조씨는 날마다 울면서 죽여 달라고 사정했다. 그러나 왕측은 조씨의 미모를 아껴 죽이지 않고 사람을 시켜 지키니, 조씨는 죽고 싶어도 죽을 수가 없었다.

조씨는 하는 수 없이 이렇게 말했다.

"나를 아내로 삼고자 하거든 날짜를 정해 예로써 맞아 주시오."

왕측이 이 말을 곧이듣고 조씨를 집으로 돌려보내고, 길일을 택해 온갖 패물과 잘 치장한 수레와 사람을 보내 조씨를 데리러 갔다.

조씨는 집안 사람들에게 하직 인사를 했다.

"나는 다시 돌아오지 못할 것입니다. 어찌 도적에게 이렇듯 욕을 보고 살아 있을 수 있겠습니까."

"그러지 마라. 네가 죽으면 그 화가 우리 집안에 미칠 것이다. 너는 어찌 그것을 모르느냐."

아버지가 조씨에게 죽지 말고 왕측의 말을 따르라고 일렀다.

조씨는 "걱정말라."고 말하고 눈물을 뿌리며 수레에 올랐다.

수레가 왕측의 집에 도착하여 발을 걷고 보니 조씨는 벌써 수레 안에서 목을 매고 죽어 있었다.

조씨액여(趙氏縊輿)

도적을 꾸짖고 죽은 서씨

서씨는 송나라 화주 사람으로, 장필의 아내다.

이 때 금나라가 쳐들어왔는데, 관군은 패해 달아나면서 노략질을 일삼고 서씨를 잡아 핍박했다.

서씨는 눈을 부릅뜨고 꾸짖었다.

"나라가 너희를 기른 것은 급할 때 쓰려 한 것이다. 지금 도적이 나라를 침략하였는데 너희는 나라를 구하지 못하고 도리어 어지러운 때를 이용해 노략질을 일삼는구나. 내 한 사람의 여자로서 네놈들의 머리를 베지 못하는 것이 한이다. 내 어찌 너희 같은 도적들에게 욕을 보고 구차하게 살리오. 어서 나를 죽여라."

서씨의 꾸짖음에 관군은·부끄러웠던지, 서씨를 죽여 강물에 던져 버리고 달아났다.

[지은이 생각]

백성을 지키고 보호해야 할 관군이 오히려 백성을 괴롭히고 핍박한 예는 동서고금에 가끔 있는 일들이다.

아녀자의 몸으로 관군을 꾸짖고 죽음을 택한 서씨야말로 사회를 밝힌 불씨 같은 존재가 아닐까? 순응과 굴종 대신 꾸짖음, 다시 말해 '소금' 이 되고자 한 서씨야말로 존경받아 마땅한 여성이다.

서씨매사(徐氏罵死)

옥에서 목매 죽은 이씨

송나라 사람 사방득의 아내 이씨는 안인 사람으로 얼굴이 아름답고 성품이 총명하고 지혜로웠다.

시부모를 모시고 제사를 받드는 데 다 예에 맞게 했다.

사방득이 도적과 싸우다 패하여 달아났다. 도적이 사방득을 쫓아 집으로 들이닥치자, 사방득의 아내 이씨는 두 아들을 데리고 산 속으로 도망가 가시덤불 속에 숨어서 풀뿌리를 캐먹고 지냈다.

도적의 무리가 산 속까지 쫓아와서

"만약 이씨를 잡지 못하면 온 마을을 쑥대밭으로 만들어 버리겠다."

하고 협박했다.

이씨가 이 말을 듣고

"나 한 사람 때문에 여러 사람을 죽게 할 수 없다."

하고 산에서 나와 사로잡혔다.

도적이 이씨를 옥에 가두어 두었는데 어떤 사람이

"내일은 반드시 관아의 노비로 삼을 것이다."

하는지라, 이씨는 두 아들에게

"내 어찌 두 남편을 섬기리오. 너희는 혹 살아 돌아가거든 할아버지와 할머니를 잘 봉양하여라."

이르고, 그 날 밤 치마끈으로 목을 매 옥중에서 죽고 말았다.

이씨액옥(李氏縊獄)

남편과 함께 죽은 옹씨

옹씨는 송나라 사람으로 지주통판 조묘발의 아내다.

원나라 군사가 쳐들어오자, 조묘발이 아내에게 말했다.

"성이 함락될 지경이오. 나는 신하로서 성을 버리고 도망갈 수 없소. 당신 먼저 달아나시오."

"나는 충신의 아내입니다. 나도 당신을 따라 죽어 땅속에까지 따라가리다."

"성을 지키며 싸우는 일은 여자가 할 일이 아니오."

"그렇다면 제가 먼저 죽겠습니다."

조묘발이 웃으며 말리니 이튿날 옹씨는 재물을 모두 헐어 종들에게 나누어 주고 내보냈다.

원나라 군사가 급히 이르러 성 밖을 에워싸자 조묘발은 새벽에 일어나서 책상 위에 글을 써 남겨 놓았다.

"신하는 임금을 배반하지 못하나니, 성을 적에게 바쳐 항복할 수 없다. 우리 부부는 함께 죽어 절의를 쌍으로 이루노라."

조묘발과 아내 옹씨는, 정사를 살피고 군사를 지휘하려고 세운 종용당에서 의복을 갖춰 입고 함께 목매 죽었다.

성을 함락시킨 원나라 장수가 성에 들어와 조묘발이 남긴 글과 부부의 죽음을 보고 탄식하며 관을 갖추어 부부를 합장하고 무덤에 제사까지 지내 주었다.

옹씨동사(雍氏同死)

손가락 깨물어 바위에 글을 쓴 왕정부

왕정부는 송나라 임해 사람의 아내다.

송나라가 망할 때 시부모와 남편이 다 도적에게 잡혀 죽었다.

도적의 우두머리가 왕정부의 미모에 반해 겁탈하려 하니, 왕정부는 통곡하고 죽으려 했다. 그러나 도적들이 밤낮으로 왕정부의 주위를 감시하여 뜻을 이루지 못했다.

왕정부는 도적을 속여 말했다.

"시부모와 남편이 죽었는데 상을 입지 않으면 하늘을 모르는 것이니 어디에 쓰겠는가. 원컨대 상을 입고 탈상한 후에 너를 따르겠다. 그러나 내 말을 들어주지 않으면 나는 여기서 죽겠다."

도적은 왕정부가 죽을까 걱정되어 허락하고 지키기를 더욱 엄중하게 하였다.

왕정부가 상을 마치자 약속대로 도적은 왕정부를 저의 나라로 데리고 갔다.

가는 도중 청풍령에 이르러 지키는 사람이 한눈을 팔 때 왕정부는 손가락을 깨물어 피를 내어 바위에 글을 쓰고, 절벽 아래 떨어져 죽었다.

그 후에 바위에 쓴 글의 피가 바위 속으로 스며들어 흔적이 없어졌다가, 비가 오면 피가 솟아올라 글자가 선명히 나타났다.

원나라 때 비를 세우고 제사하였으며 그 영을 청풍령이라 했다.

정부청풍(貞婦淸風)

남편을 살리고 죽은 양씨

양씨는 송나라 사람 왕씨의 아내로 임천 사람이다.

시집간 지 두 달 만에 난을 만나 남편에게 이렇게 약속했다.

"저는 죽을지언정 도적에게 욕을 당하지 아니할 것입니다."

내외가 다 도적에게 붙잡혔는데, 도적의 괴수가 양씨의 미모를 보고 겁탈하려 했다.

"남편을 살려 보내면 그대의 뜻에 따르겠소."

양씨가 이렇게 도적의 괴수에게 말하니, 도적의 괴수는 이 말을 곧이듣고 금과 비단을 왕씨에게 주고, 또 화살 하나를 주어 증표로 삼아 다른 도적이 해치지 못하게 하여 살려 보냈다. 남편이 멀리 떠난 것을 확인하고 양씨는 도적의 괴수를 꾸짖었다.

"죽일 놈이로다. 나는 남편과 맹세한 바 있다. 이는 천지의 귀신이 다 아는 바다. 나는 죽음을 택할 뿐 너를 따르지 않으리라."

소리치고 냅다 치니 도적의 괴수는 불같이 화를 내고 양씨를 죽였다.

[지은이 생각]

순간적인 기지(奇智)가 항상 위험을 벗어나게 한다. '열녀전'에 보면 여러 여인들이 모두 순간적인 기지로 남편을 구한 사례가 많다. 슬기로운 지혜는 침착한 데서 발휘된다.

188

양씨피살(梁氏被殺)

목매 죽은 명수

포찰씨는 금나라 사람 완안장락의 아내이며 자는 명수다.

완안장락이 임금을 따라 싸움터에 나가고, 명수는 전처의 아들을 자기가 난 자식처럼 사랑했다.

이 때 도적의 괴수 최립이 쳐들어와 관원의 아내들을 모두 붙잡아다 예쁜 여자를 골라 냈다.

명수는 이 말을 듣고 어린 아들을 종에게 맡기고 재물을 많이 나누어 주었다. 그리고 관과 제물을 준비하게 하고 종에게 작별하며 말했다.

"듣자 하니 최립은 무도하여 여자들을 겁탈한다고 한다. 지금 군사를 거느리고 성밖에 다다랐으니 나는 이제 달아날 곳도 없다. 오직 죽음으로써 남편을 저버리지 않을 것이다. 너희는 어린 자식을 잘 키워 주기 바란다."

명수는 이렇게 종에게 부탁하고 목을 매 자살했다. 그 때 명수의 나이 스물일곱이었다.

죽으면서도 명수는 두려워하거나 무서워하는 빛이 없었다.

[지은이 생각]

꽃다운 나이에 초연히 목숨을 버리는 것은 보통의 여인들이 흉내 낼 수 없는 일이 아닌가? 효자는 하늘이 낸다고 했는데 정절을 지키는 열부 또한 하늘이 내는 것이 아닐까.

190

명수구관(明秀具棺)

얼음 위에 누운 장의부

장의부는 원나라 제남 사람으로 이오의 아내다.

이오가 조카와 함께 먼 변방 복녕 땅에서 수자리를 살다가 그곳에서 죽었다.

장씨는 시부모를 극진히 봉양하였고 부모와 시부모가 병들었을 때는 네 번씩이나 다리살을 베어 먹여 살려 냈다.

부모와 시부모가 모두 죽으니, 예를 갖추어 장례를 지내고, 탄식하며 말했다.

"남편이 수천 리 밖에서 죽었으나, 부모와 시부모를 모셔야 하기 때문에 그 시신을 거두지 못했다. 이제 부모와 시부모께서 모두 세상을 뜨셨으니 남편의 해골을 먼 땅에 버려 둘 수가 없다." 하고 얼음 위에 누워 맹세했다.

"하늘이 만일 '네 남편의 뼈를 찾으라.' 하면 나는 얼어죽지 않을 것이다."

장씨가 얼음 위에 한 달이 넘게 누워 있었으나 죽지 않았다.

장씨는 그 일을 옷에 써서 입고 길을 떠난 지 40일 만에 남편이 수자리 살던 복녕 땅에 도착하여 조카를 만나 남편이 묻힌 곳을 찾아 냈다. 가시덩굴 우거진 곳에서 남편의 해골을 수습하여 고향으로 돌아와 시부모 곁에 묻었다. 장씨는 이로써 의부(義婦 : 의로운 부인)의 칭호를 받았다.

192

의부와빙(義婦臥氷)

얼굴 가죽이 벗겨져 죽은 동씨

원나라 사람 유사연의 아내 동씨는 엄주 사람이다.

시어머니의 성정이 괴팍하여 며느리 동씨를 구박했지만 동씨는 더욱 공순하여 시어머니의 뜻을 거스르지 않았다.

원나라 말에 적이 침략하니 관군이 맞서 싸워 물리쳤는데, 여세를 몰아 관군의 노략질이 극심했다.

관군이 유사연의 집에 들어와 노략질을 하므로 시어머니가 막아섰고, 군사들이 시어머니를 죽이려 했다.

동씨가 몸으로 시어머니를 가리며 관군들을 막으니 군사들이 동씨를 희롱했다.

동씨가 군사들을 꾸짖으며 굴복하지 않자, 한 군사가 칼을 들어 왼쪽 팔을 잘랐다.

동씨는 조금도 두려워하지 않고

"나라의 백성을 보호해야 할 관군이 이 무슨 행패인가?"

하고 꾸짖기를 그치지 않으니, 군사들이 달려들어 동씨의 얼굴 가죽을 벗기고 가버렸다. 동씨는 이튿날 죽었다.

[지은이 생각]

앞의 서씨도 관군의 행패를 꾸짖으며 죽음을 두려워하지 않았는데 무력 앞에서 죽음을 두려워하지 않은 동씨 역시 존경의 대상이다.

남편 따라 죽은 왕씨

왕씨는 원나라 사람 혜사현의 아내이며 대도 사람이다.

남편의 병이 깊어 다 죽게 되었을 때 왕씨는

"병든 사람의 똥맛이 쓰면 낫는다 합니다."

하고 남편의 똥을 맛보았는데, 그 맛이 달았다. 왕씨의 근심은 더욱 깊었다.

남편은 자기 병이 낫지 못할 것을 알고 아내에게 유언했다.

"나는 병이 낫지 못하고 죽을 것 같소. 죽은 첩의 아들을 잘 길러 주오. 그 아이가 다 크거든 당신은 그 때 개가하도록 하시오."

"당신은 어찌 그런 말을 하십니까. 당신이 죽으면 저도 따라 죽을 것입니다."

남편이 병석에서 일어나지 못하고 죽으니 왕씨는 남편의 무덤 곁에 살면서 세수도 하지 않고 슬퍼함이 예에 지나쳤다.

첩의 아들을 곁에 두고 지성으로 길렀으나 그 아들이 그만 죽고 말았다.

왕씨는 울면서 "이제 나는 더 바랄 것이 없다."하고 여러 번 칼로 목을 찔러 자살하려 했으나, 집안 사람들이 말렸다.

남편의 3년상을 다 마쳤을 때 친구들이 술을 가지고 혜사현의 무덤에 제를 올렸는데, 제를 마치고 보니 왕씨는 이미 나무에 목을 매고 죽어 있었다.

196

왕씨경사(王氏經死)

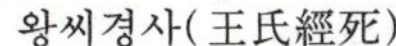

집안 여자들이 모두 목매 죽은 주씨

원나라 사람 황중기의 아내 주씨는 항주 사람이다.

원나라 순제 16년에 도적 장사성이 항주로 쳐들어오자, 딸이 주씨에게 말했다.

"어머니, 도적이 오면, 저는 죽을 각오가 돼 있습니다."

이윽고 도적 떼가 몰려와 집안 여자들을 잡아다 주씨 모녀에게 맡기며 "나를 위해 지키고 있으라. 내 저녁에 돌아오리라."하였다.

주씨 모녀는 욕을 당할까 두려워 함께 목매 죽었다.

첩 풍씨는 주씨 모녀가 죽는 것을 보고 탄식하며

"내가 살아남은들 무슨 일을 할 수 있겠는가. 살아 있다가는 욕을 당할 따름이다."

하고 목매 죽고, 황중기의 제수 채씨도 어린 아들을 안고 유모 탕씨와 함께 목매 죽었다.

저녁때 도적의 무리가 와서 보니 집 안에 주검이 가득한지라, 집안 재물만 노략질해 가져갔다.

[지은이 생각]

현대 사회의 상황에서 보면 귀중한 목숨의 가치를 너무 소홀히 여기는 것 같지만 옛날에는 정절과 목숨을 한 가지로 여겼다. 지금의 사회 규범으로 보면 너무 지나친 감이 있지만 이것은 시대의 상황에 따라서 평가가 다른 것이리라.

198

남편 대신 삶아 먹힌 유취가

유취가는 원나라 사람 이중의의 아내로 방산 사람이다.

흉년이 들어 사방에서 도적 떼가 일어났다.

부부가 도적에게 붙잡혔는데 도적의 무리가 양식이 떨어져 이중의를 잡아 삶아먹으려 했다. 유씨는 땅에 엎드려 울며 빌었다.

"남편을 살려 주시면 땅에 묻어 감추어 둔 쌀 한 말 닷 되와 장 한 독을 다 드리겠습니다."

그러나 도적의 무리는 듣지 않았다.

"남편은 여위고 작아 먹을 것이 없을 겁니다. 살지고 살갗이 검은 여자의 고기가 맛이 좋다고 하던데, 제가 바로 살지고 살갗이 검습니다. 남편 대신 저를 삶아먹으시오."

유취가의 말대로 도적의 무리는 이중의를 살려 주고 유취가를 삶아먹었다.

[지은이 생각]

남편을 살리고 자신이 대신 죽은 아내를 미화한 이런 예화는 남성 중심주의적 사회에서는 아름다운 전범으로 손꼽힐 만할 것이다. 이런 예화 때문에 자신의 목숨을 하찮게 여긴 여자들이 얼마나 많았을까? 그리고 그것을 당연하게 여긴 독선적인 남자들은 또 얼마나 많았을까? 남녀 평등사상의 원칙에 위배되는 점이 있다 하겠다.

200

민며느리로 들어와 시부모 섬긴 영씨

명나라 때 여자 영씨는 열여섯 살 먹은 해에 유진아와 약혼했는데, 유진아가 죽었다는 청천벽력 같은 부음을 듣고 슬피 울면서 부모에게 말했다.

"옛말에 열녀는 두 지아비를 섬기지 아니한다 했습니다. 나는 비록 유가와 혼례를 올리지는 않았으나 혼약을 한 사이입니다. 이제 유가가 불행히 죽고 유가의 부모는 의탁할 데 없는데, 내가 어찌 그분들을 버리고 다른 사람에게 시집갈 수 있겠습니까? 유가네 집으로 가서 시부모를 봉양하게 허락해 주십시오."

영씨의 부모는 처음에는 딸의 말을 받아들이지 않았으나, 딸이 간청하므로 하는 수 없이 허락했다.

영씨는 유가네 집으로 가서 유진아의 시신 앞에 통곡하고, 예를 갖추어 장례를 치르고, 며느리 도리를 극진히 했다.

길쌈해서 가계를 꾸려 가면서, 노부모를 정성으로 모시기 52년, 나라에서 영씨의 정절문을 세워 주었다.

[지은이 생각]

약혼의 관계에서 약혼자가 죽었는데 혼약을 지킨 영씨의 생각은 매울열자 열녀의 이름이 잘 어울린다. 당시에도 약속을 지키라고 권한 사람이 없었고 자신이 택한 길이다.

남편과 함께 도망간 도미의 아내

도미는 백제 사람이다. 도미의 아내는 얼굴이 아름답고 행실이 곱기로 소문이 났다. 백제 왕이 도미를 불러 말했다.

"네 아내가 비록 정절이 있다고 하지만, 사람이 없는 으슥한 곳에서 좋은 말로 유혹하면 마음을 바꾸지 않겠는가?"

"신의 처는 죽어도 변치 않으리라 믿습니다."

한 신하를 임금으로 변장시켜 도미의 아내를 유혹하게 했다.

"나는 네가 아름답다는 소문을 듣고 도미와 장기로써 내기를 했다. 내가 이겨 너를 갖기로 했으니, 너는 나를 섬기어라."

"전하께서는 방에 들어가소서. 저는 옷을 갈아입고 오겠습니다."

도미의 처는 밖으로 나와 계집종 하나를 변장시켜 방으로 들여보냈다. 왕이 뒤에 속은 것을 알고 도미의 두 눈을 빼서 조각배에 실어 강물에 띄워 보내고, 도미의 아내를 잡아 갔다.

"이제 남편을 잃었으니, 어찌 전하를 모시지 않겠습니까? 다만 오늘은 몸이 부정하오니 뒷날을 기다려 주소서."

왕이 그 말을 믿고 허락했다. 그 사이 도미의 아내는 도망하여 강가에 이르렀다. 강물이 깊어 건너지 못하고 하늘을 우러러 통곡하니, 홀연히 배 한 척이 흘러왔다. 그 배를 타고 천성도라는 섬에 다다라 도미를 만났다. 두 사람은 풀뿌리를 캐먹다가 고구려로 도망가 죽을 때까지 살았다.

미처해도(彌妻偕逃)

왜구를 꾸짖고 죽은 최씨

최씨는 고려 때 영암 선비 최인우의 딸이며 진주 호장 정만에게 시집가서 네 자녀를 낳았는데 막내는 아직 젖을 먹는 어린애였다.

어느 해 정만이 서울에 가고 집을 비웠을 때 왜구가 몰려왔다.

고을 사람들은 모두 도망가고, 왜구는 노략질을 해댔다.

최씨는 어린 아이들을 데리고 산중으로 피난하였으나 뒤쫓아온 왜구에게 붙잡혔다. 왜구가 칼로 위협하며 겁탈하려 하자 최씨가 나무를 안고 꾸짖었다.

"도적에게 몸을 더럽히고 살아남느니, 차라리 죽으리라."

꾸짖기를 그치지 않으니 왜구가 끝내 나무 아래서 최씨를 죽이고 두 자식을 잡아 갔다.

셋째아들 정습은 겨우 나이 여섯 살이라 어머니 주검 곁에서 울고, 강보에 싸인 아이는 기어가 죽은 어미의 젖을 빨아먹으니 피가 흘러 입으로 들어가 그 아이도 즉시 죽었다.

10년 후에 관찰사 장하가 장계를 올려 정문을 세우고, 정습집 안의 부역을 면해 주었다.

[지은이 생각]

공민왕 이후의 고려는 사회 기풍이 문란하던 시절이었다. 최씨의 행적을 채록한 것은 문란해진 조선조 초기의 사회상 때문이리라.

206

최씨분매(崔氏奮罵)

화살에 맞아 죽은 배씨

배씨는 고려 때 경산 사람 진사 배중선의 딸로 낭장 벼슬을 하는 이동교에게 시집가 집안을 잘 다스렸다.

왜란이 일어나 남편은 싸움터에 나가고 혼자 집을 지키고 있는데, 왜적이 집에 들이닥쳤다.

배씨는 어린 자식을 안고 달아나 강가에 이르렀는데, 왜적이 뒤쫓아왔다. 배씨는 아이를 언덕에 놓고 강물에 뛰어들려 했다.

왜적이 활에 살을 먹여 겨누었다.

"이리 오라, 오면 살려 주겠다."

배씨는 뒤돌아보며 큰 소리로 꾸짖었다.

"나는 네놈에게 몸을 더럽히느니 차라리 죽으리라."

왜적이 화살을 날려 배씨의 어깨를 두 번 맞췄다.

배씨는 강물 속에서 죽었다.

[지은이 생각]

왜적에게 몸을 더럽히지 않고 죽은 배씨를 찬양한 예화다. '몸을 더럽히지 않았다'는 점만 강조함으로 여성들을 순결의 틀에 얽어매는 남성중심적 사고를 보여 준다. 아이를 버리면서까지 '몸을 더럽히지 않는' 일이 더 가치있는 일일까? 고려조에 문란하던 성 풍속을 조선조에 강화하기 위한 측면에서 선택된 것 같다.

208

열부입강(烈婦入江)

다리 잘려 죽은 임씨

임씨는 조선조의 전주 선비 임거의 딸이다.

낙안 사는 최극부에게 시집갔는데, 왜란을 맞아 왜적에게 붙잡혔다.

왜적이 겁탈하려 하자 임씨는 죽음으로 반항했다.

왜적이 칼로 한쪽 팔을 자르고 위협해도 듣지 않고, 또 한 다리를 자르고 위협해도 듣지 않았다.

임씨는 끝까지 몸을 더럽히지 아니하고 죽음을 맞았다.

[지은이 생각]

어느 시대나 그 시대의 사회상을 강화하기 위한 수단이 있다. 특히 조선조에서는, 고려조에 여성의 세력이 강하고 정절을 중요시 하지 않았던 것을 예방하기 위한 수단으로 여자의 정조와 목숨을 동일시 하도록 유도한 측면에서 임씨나 앞서의 서씨, 최씨의 사실들을 채록하여 수록한 것 같다. 이러한 사실들은 남녀평등 사상에서 보면 극단적인 남성중심적 사고라 할 수 있다.

팔이 잘리는 일, 다리를 잘리는 일, 목숨을 잃는 일보다 '정조를 지키는 일'이 더 중요하고 가치 있는 일이라 할 수 있겠는가.

210

임씨단족(林氏斷足)

호랑이를 쫓아 버린 김씨

김씨는 조선조 안동 사람으로 유천계의 아내다.

유천계가 수자리 살러 갈 때 "오늘이 좋은 날이니 나가서 자고 가려 하오."하니, "나 또한 나가서 자겠습니다."하고, 들어와 행장을 차렸다.

밤중에 홀연 사람이 급히 외치는 소리가 들려, 김씨가 깜짝 놀라 소리나는 곳으로 달려가 보니, 호랑이가 남편을 물어 가고 있었다.

김씨가 활을 가지고 소리치며 쫓아가, 한 손으로 남편을 잡고 한 손으로 호랑이를 때리며 60걸음쯤 따라가니, 호랑이가 기절한 남편을 놓고 물러나 앉았다.

김씨는 호랑이를 똑바로 바라보며 호통을 쳤다.

"네 이놈, 나마저 물려고 하는가?"

김씨의 호통 소리에 호랑이는 달아났다.

김씨가 기절한 남편을 집으로 업고 와서 뉘어 놓으니 남편이 깨어났다.

그 날 밤 또 호랑이가 와서 '어흥' 하고 소리를 했다. 김씨가 막대를 들고 쫓아가 호랑이를 꾸짖었다.

"너는 영물이 아니냐. 어찌 이렇게 사람을 괴롭히느냐?"

호랑이가 집앞에 있는 배나무를 물어 흔들어 놓고 사라졌는데, 며칠 후 그 나무가 말라 죽었다.

212

김씨박호(金氏撲虎)

53일 동안 울다 죽은 김씨

김씨는 조선조의 풍산 사람인데 이씨의 집안으로 시집갔다. 시집간 지 얼마 되지 않아 남편인 이강이 말에서 떨어져 죽었다.

김씨는 남편의 시신을 안고 울면서, 한 달이 넘도록 밥을 먹지 않았다.

이를 본 부모가 물었다.

"밥을 먹고 나서 운다고 해서 의에 어긋나는 것이 아닌데, 어찌해서 너는 밥을 먹지 않고 우느냐?"

"저는 서러워서 먹지 않는 것이 아니라, 밥 생각이 없으니 병인가 합니다."

김씨는 그렇게 핑계를 대고 밥을 먹지 않고 울기만 하다 53일 만에 죽었다. 그 때 김씨 나이 스물이었다.

부모는 김씨를 불쌍히 여겨 부부를 합장했다.

[지은이 생각]

부부 사랑이 얼마나 지극했으면 먼저 간 남편이 그리워 울음을 그치지 않고, 따라 죽었을까?

이런 사랑은 현대 사회에도 없지 않다. 한편으로는 이런 사랑이 동경의 대상이기도 하다.

'사랑'도 이 정도라면 한번 해 볼 만한 것이 아닐까?

김씨동편(金氏同窆)

4

형제를 사랑한 사람들

재물은 없어져도 다시 얻을 수 있으나
관리가 되어서 뇌물죄에 연좌되면
평생토록 몸을 망친다〈정균〉

물진가부득(物盡可復得)
위리좌장종신연기(爲吏坐臟終身捐棄)

이복형을 살리려고 대신 죽은 수

위(衛) 나라 공자 수는 선공의 아들로, 태자 급의 배다른 아우이고, 공자 삭의 친형이다.

수의 어머니가 삭과 함께 음모를 꾸며 태자 급을 죽이려 선공에게 모함했다.

모함에 빠진 선공은 급에게 제나라 사신으로 가라 명령하고 나서 자객을 뒤쫓아 보내 급을 죽이라 지시했다.

수가 이를 알고 태자 급에게 어서 달아나라고 귀띔해 주었다.

그러나 급은 "아버지의 명을 따르지 않으면 어찌 자식이라 할 수 있겠는가." 하고 선공의 명을 좇아 제나라로 떠나려 했다.

급이 말을 듣지 않자 수는 이별의 주연을 베풀고 급에게 술을 많이 먹여 취하게 한 뒤, 깃발을 훔쳐 들고 먼저 갔다. 자객이 깃발을 보고 급인 줄 알고 수를 죽였다.

급이 술에서 깨어나 달려와 보니 수가 이미 죽었는지라

"임금이 나를 죽이라 했는데, 무슨 죄 있어 네가 나 대신 죽어야 한단 말인가."

하고 수의 주검을 안고 슬피 울었다.

자객이 사태를 파악하고 급마저 죽여 버렸다.

나라 사람들은 '시경' 패풍편에 나오는 '이자승주' 의 시를 지어 형제의 주검을 위로했다.

아우에게 재산을 나누어 준 복식

한나라 하남 사람 복식은 밭 갈고 가축을 기르며 사는 농부였다.

나이 어린 아우를 키워 장성하자 집과 밭과 재물을 다 아우에게 주고, 복식은 기르던 양 1백여 마리만 가지고 홀로 산중에 들어가 10여 년 동안 양을 치며 살았다.

양이 새끼를 많이 쳐서 1천여 마리로 늘어나서 집도 장만하고 밭도 장만했다.

그러나 아우는 가산을 다 탕진하여 살기가 어려워졌다. 이에 복식이 다시 집과 밭을 아우에게 나누어 주었다.

[지은이 생각]

형제간의 우애를 칭송한 이야기다. 우애란 항상 일방적일 수도 있고 또 형제가 함께 할 수도 있다. 여기서 복식을 기록한 것은 형이 아우를 일방적으로 보살핀 예화를 보여 준 것이다.

형이 아우에게 두 번씩이나 재산을 다 양보하기란 쉬운 일이 아니다. 형의 아우사랑을 칭송할 것이 아니라, 아우의 잘못을 드러내는 것이 더 교훈적인 이야기가 아닐까 생각된다.

아우라는 이유 하나만으로 형에게 기대 살 수는 없는 일 아닌가.

동생을 구한 왕림

왕림은 한나라 때 여남 사람이다.

나이 10여 세에 부모를 여의었는데, 엎친 데 덮친 격으로 난리까지 만나, 남들은 모두 피난 갔으나 왕림은 동생과 함께 부모의 묘를 지키며 울기를 그치지 않았다.

어느 날 아우가 도적에게 붙잡혔다.

왕림은 스스로 결박하고 도적에게 찾아가

"나를 죽이고 아우를 살려 주시오."

하고 청했다.

도적은 아우를 살리려는 형의 아름다운 용기에 감동하여 두 사람 다 놓아 주었다.

[지은이 생각]

지극한 효도나 지극한 우애는 하늘도 감동시킨다고 했다. 왕림과 왕계 형제는 그 지극한 우애로써 도둑도 감동시켰다. 이것은 지성이면 감천이라는 말이 생각나는 예화다.

도적을 감동시킬 만한 형의 아우사랑이 잘 드러난 이야기다.

222

아우를 위해 욕먹을 짓을 한 허무

한나라 양연 사람 허무는 회계 태수 제오륜이 천거하여 벼슬을 얻었다.

허무는 벼슬을 얻자 아우에게 "우리가 재산을 나누어 각자 독립하여 사는 것은 마땅한 도리다." 하고 재산을 삼등분하여, 자기는 좋은 밭과 넓은 집과 건장한 종을 갖고, 두 아우에게는 못 쓸 것을 주었다.

마을 사람들이 다 허무를 욕하고, 형에게 좋은 것을 양보한 두 아우를 칭찬했다.

이 소문을 듣고 나라에서 착한 두 아우에게 벼슬을 내렸다. 그러자 허무가 일가친척을 모아 놓고 울면서 말했다.

"나는 형으로서 벼슬을 얻었으나, 두 아우는 벼슬을 얻지 못하였소. 그래서 나는 재산을 나눌 때 일부러 욕심 많은 형이 되어 욕먹을 짓을 하고, 아우들이 칭찬 받을 수 있게 했었소. 이제는 내 재산이 처음보다 세 배나 늘었고, 두 아우는 사람들의 칭찬을 받고 벼슬까지 얻었으니, 내가 바라던 대로 다 이루어졌소. 이제 내 재산을 다 아우들에게 나누어 주려 하오."

허무는 모든 재산을 아우들에게 나누어 주었다.

비로소 사람들이 허무의 깊은 속뜻을 알아 차렸고 그의 어진 마음을 칭찬했다.

형에게 바로 살기를 권한 정균

정균은 한나라 임성 사람이다.

형이 고을 원이 되어 뇌물을 많이 받는 것을 보고 정균이 그러지 말라고 자주 간했으나 형은 듣지 않았다.

정균이 집을 나가 한 해 동안 많은 돈을 벌어, 돈과 비단을 많이 가지고 돌아와 형에게 주면서

"재물은 없어져도 다시 얻을 수 있으나 관리가 되어서 뇌물죄에 연좌되면 평생토록 신세를 망치게 되는 법입니다."

하고 말했다.

형이 그 말에 감동하여 마침내 청렴한 사람이 되었다.

[지은이 생각]

형의 잘못을 고쳐 준 현명한 아우 이야기다.

형제간 우애를 주제로 한 예화가 대부분 형이 아우를 위해 양보하고, 아우를 깨우쳐 주고, 아우를 사랑한 이야기인데, 이 예화는 희귀하게도 아우가 형을 깨우쳐 준 이야기다.

형에게 의를 상하지 않게 하고 또 형을 좋은 길로 인도한 정균은 형제의 모범이 되기 충분하다. 또 그 아우의 충고를 받아들일 줄 아는 형도 훌륭한 사람이다.

스스로 삶기기를 원한 조효

조효는 한나라 패국 사람이다.

천하에 흉년이 들고 도적의 무리가 사방에서 일어나, 사람들은 서로 잡아먹는 지경에 이르렀다.

조효의 아우가 도적의 무리에게 잡혔다.

도적의 무리가 아우를 삶아먹으려 하자 조효는 스스로 결박하여 도적의 무리에게 가서

"내 아우는 오래 굶주려 나만큼 살지지 못하니, 아우를 풀어 주고 나를 삶으시오."

하고 청했다.

도적의 무리는 아우를 사랑하는 조효의 마음에 놀라며 조건을 제시했다.

"돌아가 쌀을 가져오라. 그러면 네 아우를 풀어 주겠다."

조효는 돌아와 쌀을 구하려 애썼으나 구할 수가 없었다.

조효는 도적에게 다시 돌아가 울면서 말했다.

"쌀을 구할 수 없소. 나를 삶으시오."

도적의 무리는 조효의 아우 사랑에 감동하여 형제를 다 풀어 주었다.

한나라의 명제가 이 소문을 듣고 조효에게 간의대부라는 벼슬을 제수하고 그를 칭송했다.

조효취팽(趙孝就烹)

자신을 꾸짖은 목용

목용은 한나라 여남 사람이다.

일찍 부모를 여의고 형제 네 사람이 한 집에서 살았다.

형제들이 모두 장가들어 아내를 얻으니, 아내들이 따로 나가 살기를 원하고, 서로 자주 다투었다.

목용이 매우 상심하여 문을 닫아 걸고 자신의 종아리를 때리며 자책했다.

"네 이놈, 목용아. 네가 행실을 삼가 성인의 도를 배움은 풍속을 바르게 하고자 함이었거늘, 어찌하여 집안 조차 바르게 하지 못하는가?"

아우와 그 아내 들이 방 앞에 엎드려 사죄하고, 다시는 서로 싸우지 않고 화목하게 살았다.

[지은이 생각]

아우들을 거느린 형의 지혜일 뿐만 아니라, 아랫사람을 거느린 윗사람의 지도력이나 지휘 능력, 또는 통솔력을 암시하는 예화다.

아랫사람의 잘못을 질책하기보다 나의 잘못을 찾아 자신을 질책하는 모습을 보여줌으로써 아랫사람의 마음을 회개시키고 그들의 마음을 사로잡는 방법을 말해 준 이야기다.

230

목용자과(繆肜自撾)

아내를 내쫓은 이충

이충은 한나라 진류 사람이다.

이충의 6형제는 옷을 네것 내것 없이 나누어 입고 밥을 한 곳에서 먹었다.

이충의 아내가 가만히 충에게 말했다.

"우리 집안이 이렇게 가난한데, 언제까지 형제가 한 곳에서 살 것인가요. 각자 따로 살아야 하지 않을까요?"

"알았소. 술을 갖추어 잔치를 베풀고, 마을 사람을 다 초청하여 이 일을 의논하겠소."

이충의 아내는 좋아라고 술을 구해 잔치를 열고 마을 사람을 초청했다. 마을 사람들이 모두 모인 자리에서 이충이 어머니 앞에 무릎을 꿇고 "제 아내가 나를 꼬드겨 모자와 형제를 이간하니, 그 죄 마땅히 내칠 만합니다." 아뢰고, 아내를 크게 꾸짖고 문밖으로 내쫓았다.

이충의 아내는 울면서 쫓겨났다.

[지은이 생각]

가정의 불화는 여인에 의해 야기되는 경우가 많다. 우애있게 지내던 형제도 장가를 들면 제 처자식을 먼저 생각하여 다정했던 형제의 정이 차츰 멀어진다. 처자식보다 형제의 우애를 중요하게 여긴 옛 이야기다.

이충축부(李充逐婦)

아우들과 한 이불 덮고 잔 강굉

강굉은 한나라 팽성 사람으로, 명문대가 집안에서 태어났다.

강굉은 물론이고 아우 중해와 계강 또한 모두 효행이 있고 우애가 지극했다.

삼형제는 언제나 한 이불을 덮고 잤다.

장가를 든 다음에도 따로 자지 않고, 자손을 보기 위해서만 자기 방에 가서 잤다.

어느 날, 강굉이 계강과 함께 외출했다 도적을 만났는데, 도적이 죽이려 하자 형제가 서로 죽여 달라고 다투었다.

형 강굉이 도적에게 사정했다.

"아우는 나이가 어릴 뿐만 아니라 부모님이 사랑하시고, 또 장가를 아직 들지 못했으니, 나를 죽이고 아우를 살려 주시오."

그러자 계강이 나아가 도적에게 사정한다.

"형은 나이가 많고 덕이 높아 우리 집안의 보배요 나라의 인재입니다. 부디 나를 죽이고 형을 살려 주시오."

형제가 서로 죽기를 청하면서 형은 아우를, 아우는 형을 살리려 하는 지극한 모습을 보고 도적이 칼을 거두고

"그대들은 어진 사람이다. 우리가 불량스러워 그대들을 망령되게 범하였도다."

라고 탄식하며 형제를 다 놓아 주었다.

234

강굉동피(姜肱同被)

독이 든 술을 빼앗아 마시려 한 왕람

진나라 사람 왕람은, 왕상과 어머니가 다른 아우이다.

왕람과 왕상은 서로 우애가 지극하였다.

왕람의 친어머니이면서 왕상의 계모인 주씨는 왕상을 항상 눈엣가시처럼 여겨 미워하고 구박하였다.

왕람은 두어 살 때부터, 왕상이 어머니에게 매맞는 것을 보면 울며 어머니의 손에서 매를 붙잡고 놓지 않았다.

왕람은 자라서도 어머니가 왕상을 학대하면 그러지 말라고 간하면서 말렸다.

주씨가 왕상에게 어려운 일을 시키면 왕람이 함께 하고, 또 왕상의 아내에게 어려운 일을 시키면 왕람은 자기 아내를 시켜 함께 하게 했다. 그러자 주씨는 차마 왕상에게 어려운 일을 시키지 못했다.

주씨가 술에 독을 넣어 왕상에게 먹이려 하자, 왕람이 알고 달려들어 그 술을 마시려 했다. 왕람의 행동을 보고 왕상이 또한 술에 독이 들었는가 의심하여 왕람에게서 빼았으며 서로 다투었다. 주씨는 놀라서 황급히 술을 빼앗아 엎질렀다.

이후부터 주씨가 왕상에게 음식을 주면 항상 왕람이 먼저 맛보고 아무 이상이 없으면 왕상에게 주었다.

주씨는 왕람이 죽을까 보아 다시는 그런 짓을 하지 못했다.

왕람쟁짐(王覽爭酖)

병든 형을 살려 낸 유곤

유곤은 진(晉)나라 영천 사람이다.

어느 해 염병이 크게 돌아 두 형이 죽고, 둘째형이 또 전염되어 목숨이 위태했다.

부모와 여러 아우는 다 먼 지방으로 피접하여 나갔으나, 유곤만은 홀로 가지 않고 형의 옆에 붙어앉아 열심히 형을 돌보았다.

아버지 어머니가 "너도 어서 피하라."고 채근했으나, 유곤은 "저는 병을 두려워하지 않습니다." 하며 떠나지 않았다.

유곤은 병든 형을 밤낮으로 돌보고, 그 사이사이 죽은 형의 관을 어루만지며 슬피 울었다.

이렇게 하기를 여러 달이 지난 후 찬바람이 불기 시작하자 돌림병도 수그러들었다.

염병을 피해 나갔던 가족이 돌아와 보니 둘째의 병은 이미 나았고, 유곤 또한 무사했다.

어른들이 입을 모아 유곤을 칭찬했다.

"이상한 일이다. 이 아이는 남이 못 하는 일을 했다. 소나무는 겨울이 되어야 마르지 않고 푸르다는 것을 안다 하더니, 전염병이 돈 후에야 전염병도 아무에게나 전염되는 것이 아니라는 것을 비로소 알았다."

유곤수병(庾袞守病)

아들 주고 동생을 살리려 한 왕밀

왕밀은 진(晉) 나라 상군 사람이다.

아우 준과 아들 원직을 데리고 먼 길을 가다 양식이 떨어졌다.

왕밀은 아우와 아들을 길에 두고, 마을에 찾아가 밥을 얻어 돌아왔는데 그 사이 도적들이 지나가다 미처 피하지 못한 아우 준을 잡아 가고, 아들 원직은 도망가 숨어 있었다.

왕밀은 아들을 데리고 도적을 찾아가, 머리를 조아리며 도적들에게 애걸했다.

"사람이라면 누구나 자식을 사랑하게 마련이지만, 내 아우는 태어나기 전에 아버지가 돌아가셔서 형인 내가 키워 이 날까지 이르렀습니다. 청컨대 내 아들과 바꾸어 주십시오."

이 말을 들은 도적들은 서로 말하기를

"자식을 주고 아우와 바꾸자 하다니, 이 사람은 참으로 아우를 사랑하는 사람이다."

하고 준을 놓아 주고 원직도 잡아 가지 않았다.

후에 왕밀이 죽으니, 동생 준은 닷새 동안 물 한 모금 마시지 않았다.

준은 형인 왕밀의 상을 당하여 형의 상복에 맞는 1년의 복을 입었지만, 6년 동안이나 마음에서는 상복을 벗지 않았다.

모든 일을 형에게 물어 처리한 채확

채확은 남북조시대 송나라의 제양 사람이다.

형님 섬기기를 아버지 섬기듯 하여 집안 대소사를 다 형에게 물어서 처리했다.

벼슬에 나가 녹봉을 탔을 때도 형에게 다 드리고, 돈 쓸 일이 있으면 형에게 타서 썼다.

채확이 송나라의 고조를 따라서 팽성에 나가 있을 때, 그의 아내 희씨가 편지를 써서 "여름옷을 보내 드릴까요?" 하고 물었다.

채확이 답장을 보냈는데,

"여름옷은 나라에서 주니 당신이 따로 보내지 않아도 되오."
라고 했다.

[지은이 생각]

아버지를 이렇게 섬기기도 쉬운 일이 아닌데 형을 아버지처럼 섬긴 채확은 특이한 사람이다.

아내와 주고받은 편지 내용으로 보아 채확은 국가에 봉사하고 사사로운 것을 뒤로 하는 청렴결백한 관리였던 것 같다.

서로 죽기를 바란 손극 형제

손극은 남북조 시대 송나라의 팽성 사람이다.

늙은 어머니를 지극 정성으로 모신 효자인데, 어머니가 임종하면서 어린 동생을 잘 보살펴 달라고 부탁했다.

나라에서 군병을 징집할 때 아우가 그 기일에 맞추지 못하였는데 이 기일을 어기는 죄는 죽을 죄에 해당한다.

손극이 관가에 나가 고했다.

"제가 집안의 어른으로서 아우에게 미처 이르지 못하게 했으니 백번 죽어 마땅한 일입니다. 제가 아우를 대신하면 안 되겠습니까?"

아우는 아우대로 "제가 지은 죄이니 저를 벌하여 주십시오." 하고 서로 벌받기를 원했다.

손극의 아내 허씨 또한 이렇게 청하는 것이었다.

"첫째, 남편은 집안의 어른인데, 어찌 아우에게 죄를 미루겠습니까? 둘째, 우리 어머님께서 임종하실 때 아우를 남편에게 맡겼고, 셋째, 남편은 두 자식을 두었으니 죽어도 한이 없지만, 아우는 아직 혼인도 하지 못했으니 아직 죽을 때가 아닙니다. 부디 남편을 벌하시고 아우를 살려 주십시오."

이 말을 들은 태수가 나라에 청하니 천자가 조서를 내려 특별히 아우의 죄를 사하고 비단을 상으로 내리고, 형제를 고을에서 불러 쓰라고 했다.

244

극살쟁사(棘薩爭死)

형 섬기기를 아버지 섬기듯 한 양진

양파는 남북조 시대 북위(北魏)의 홍농 사람이다.

그의 아우 양춘과 양진은 형을 아버지 섬기듯 했다.

아침이면 두 아우가 대청으로 형을 찾아뵙고 종일 이야기하면서 안으로 들어가지 않고, 맛좋은 음식이 있어도 모두 모이지 않으면 먹지 않고, 대청 사이의 당에 휘장을 쳐놓고 가서 쉬다가 도로 나와 담소하면서 형을 기쁘게 해 주었다.

양춘이 늙었을 때 혹 밖에 나갔다 취하여 돌아오면, 양진이 부축하여 방으로 모시고, 문 밖에서 자다 형이 술에서 깨기를 기다려 문안했다.

양춘과 양진은 다 나이 육십이 넘어 재상 벼슬에 올랐다. 양진은 재상의 지위에 있으면서도 아침저녁으로 문안할 때면 아들과 조카 들을 마당에 늘어세우고 양춘이 "앉아라." 하지 않으면 양진은 감히 앉지 않았다.

양춘이 외출했다 저물도록 돌아오지 않으면 양진은 밥을 먹지 않고 기다렸다 먹었다.

형이 밥을 먹을 때면 양진이 숟가락과 젓가락을 받들고, 형이 "먹어라." 한 후에 먹었다.

한 집안에 남녀 합하여 100명이 넘고 일가친척이 한 솥 밥을 먹었지만 집안에 서로 이간하는 말이 없었다.

양씨의양(楊氏義讓)

친척 아우를 되찾아온 오달지

오달지는 남북조 시대 남제(南齊)의 의흥 사람이다.

육촌 아우 오경백 부부가 흉년을 만나 먼 땅으로 팔려 갔다.

오달지는 10여 마지기의 밭을 팔아 빚을 갚아 주고, 아우를 데려와 함께 살았다.

고을 원님이 오달지의 선행을 표창하고 주부 벼슬을 주었으나, 오달지는 벼슬을 형에게 사양했다.

되찾은 밭을 육촌 아우에게 주니, 아우는 받지 않았다. 이렇게 서로 사양하느라 밭에서 잡초가 자랐다.

[지은이 생각]

씨족 중심주의적 윤리관이 잘 드러난 예화다.

가족의 범위를 문중으로까지 넓혀 잡았고, 이런 생각이 좀더 확대되면 민족주의로까지 번질 수 있을 것이다.

가정에 사랑이 있고 그 사랑이 종족간으로 번지며 또 이웃과 사회로 미칠 때 사회는 정의가 넘치고 건강해져 종말은 국가의 기틀도 튼튼해진다. 이러한 일은 유학의 수신 제가 치국 평천하의 지름길이라고 이를 수 있을 것이다.

달지속제(達之贖弟)

열쇠 꾸러미를 돌려준 이광진

이광진은 효자라고 소문이 난 당나라 계전 사람이다.

아우 광안이 먼저 장가를 들어 어머니가 살림을 광안의 아내에게 다 맡겼다.

어머니가 돌아가시자 거상하는 3년 동안 침실에 들지 않았다.

어머니가 죽은 후에야 광진은 장가를 들었다.

이미 살림을 맡고 있던 광안의 아내가 재산 문서와 열쇠 꾸러미를 모두 가지고 와 광진의 아내에게 내놓았다.

이광진은 재산 문서와 열쇠 꾸러미를 제수에게 돌려주며

"제수씨는 일찍 어머니를 섬기고 가사를 맡아 왔으니, 이제 와서 그 일을 바꿀 수 없습니다."

하고 말했다.

[지은이 생각]

요즘 세태를 꼬집는 이야기 같다.

부모가 돌아가시기도 전에 유산을 더 많이 차지하려고 아옹다옹하거나 송사로 날을 새우는 사람들이 많은 요즘 세태의 극단적 이기주의를 반성해야 할 것 같다.

양보의 미덕과 나눠줌의 행복이 무엇인가를 다함께 생각해 보자.

250

광진반적(光進反籍)

배다른 형제를 보살핀 두연

두연은 송나라 산음 사람이다.

두연의 어머니는 두 아들이 있는 홀아비에게 시집와 두연을 낳았는데, 남편이 죽자 하양에 있는 전씨에게 개가하고, 두연은 배다른 두 형과 함께 할머니 손에서 자랐다.

할머니마저 세상을 뜨자, 두 형이 두연을 학대했다.

형이 칼로 두연의 머리를 때려 피를 두어 되나 흘리고 쓰러졌을 때, 고모가 숨겨 주어 겨우 목숨을 건졌다.

두연은 하는 수 없어 하양에 있는 어머니를 찾아갔으나, 계부 전씨가 받아들이지 아니하므로, 남의 집에 고용되어 삯 글씨를 써 주며 글공부를 열심히 해 먼 훗날 높은 벼슬에 올랐다.

두연은 맏형이 살아 있는 것을 알고 지극히 대접하고, 두 형과 고모와 계부의 자식들을 모두 도와 살길을 마련해 주고 결혼시켜 가정을 이루어 주었다.

[지은이 생각]
두연은 '용서'가 무엇인지를 아는 사람이다.
그리고 '용서'를 철저히 실천한 사람이다.
용서는 자신을 증오의 질곡에서 벗어나게 해 주는 묘약이다.
과거의 악연에 얽매여 자신의 미래를 악의 구렁텅이에 빠뜨리려는 사람들에게 시사하는 바가 많은 예화다.

252

두연대형(杜衍待兄)

비단을 나누어 준 장존

장존은 송나라 기주 사람이다.

천성이 효성스럽고 우애가 돈독했다.

촉군의 원이 되어 갔다 돌아올 때 비단을 가지고 와서, 형제를 모두 불러 마음대로 골라 갖게 했다.

장존은 항상 말하기를

"형제는 손발 같고, 처첩은 남의 집 사람인데, 어찌 남의 집 사람을 위하고 손발을 홀대할 수 있으리오."

하고 집안 사람들을 보살폈다.

혼기가 지났는데도 결혼하지 못한 사람이 있으면 결혼할 수 있도록 도와 주어, 한 사람도 외롭게 두지 않았다.

집 안에 있을 때는 거동이 엄정하여, 자손이 의관을 바르게 하지 않으면 만나 주지 않았다.

[지은이 생각]

관직에 나아가서도 일가를 돌본다는 것은 잘못하면 사사로움이 개입할 수 있다. 그러나 자신을 수양하여 모든 것이 중정의 도를 얻으면 사사로움이 개입할 수 없다. 장존이라는 사람은 그러한 지도자의 리더십을 잘 아는 사람같다.

나눠줄 것은 주면서 엄정한 몸가짐으로 솔선한 사람이다.

장존포금(張存布錦)

형에게 재산 맡긴 조언소

조언소는 송나라 사람이다.

두 형제가 12년 동안 한 집에서 한 솥 밥을 먹고 살았는데, 형 조언운이 여자를 좋아하고 잡기를 좋아해 가산이 점점 기울었다.

언소가 아무리 말려도 듣지 않으므로, 하는 수 없이 재산 문서를 나누어 가지고 따로 살았다.

그렇게 따로 산 지 다섯 해 만에 형은 가산을 탕진하고 빚을 산더미같이 지고 말았다.

언소가 섣달 그믐날 술을 갖추고 형수에게 말했다.

"저는 원래 재산을 나눌 생각이 없었습니다. 형님께서 씀씀이가 헤프고 절약하지 않아 모든 재물을 탕진하여 반은 없어졌지만, 내가 맡은 재산 반이 남아 있어 배고픔은 면할 수 있으니 다행이라 하겠습니다. 오늘부터 형님께서 집안의 중심이 되어 이 재산을 모두 관리하게 하십시오."

언소는 재산 나누었던 문서를 가져다 불에 사루고, 열쇠 꾸러미를 형수에게 맡겼다.

그리고 언소는 저축해 둔 돈을 가져다 형의 빚을 모두 갚아 주었다. 형은 부끄러워하며 다시는 주색잡기에 손을 대지 않았다.

그런 일이 있은 이듬해 언소는 과거를 보아 장원 급제했다.

고을 사람들이 모두 언소의 행동에 탄복하였다.

언소석적(彦霄析籍)

목을 늘이고 쳐 주기를 바란 곽도경

곽도경은 원나라 보전 사람이다.

곽도경의 고조 의중은 효행으로 이름난 사람이다. 의중이 죽으니 고향 사람이 효자를 기리는 사당을 세워 제사지내게 했다.

그 후 도적이 일어나 백성이 다 달아났으나 곽도경은 아우 곽좌경을 데리고 사당을 지키느라 도망가지 못하고 도적에게 붙잡혔다.

도적이 좌경을 죽이려 하니, 도경이 울며 말했다.

"나는 다 자란 자식이 있지만 아우는 병약하고 또 자식이 어리니 아우를 대신하여 저를 죽여 주십시오."

그러자 좌경이 울며 말한다.

"형이 아니면 누가 사당을 지키고 가사를 다스리겠습니까. 나를 죽여 주십시오."

도경이 또 목을 늘여 쳐 달라고 하자, 도적이 서로 돌아보며

"너희는 효행으로 이름난 가문의 자손이요 형제도 또 이렇듯 사랑하니 우리 어찌 그대들을 해하리오."

하고 형제를 다 풀어주었다.

[지은이 생각]

지극한 우애로 도적도 감화시킨 일화다. 앞에서도 두 사례가 있었다. 사지에서 자신의 생명을 버려 동생은 형을 형은 동생을 살리려는 애틋한 마음씨, 그것이 서로가 사는 길이라는 것을 세상 사람들은 알까.

동생에게 재산 나누어 준 곽전

곽전은 원나라 요양 사람인데 계모인 당고씨를 정성을 다해 지극히 섬겼다.

계모는 네 아들을 낳았는데, 모두 나이 어린지라, 곽전이 몸소 밭을 갈아 아우들을 키웠다.

아우들이 장성하여 아내를 얻더니, 각각 재산을 나누어 따로 살게 해 달라고 졸랐다.

곽전은 집과 전답과 기물 가운데 낡은 것은 자기가 갖고, 좋은 것은 모두 아우들에게 나누어 주고, 계모 당고씨는 자신이 모시면서 맛있는 음식을 대접하고 생활하는 데 불편한 점이 없도록 보살피는 데 소홀함이 없었다.

[지은이 생각]

사욕을 버리면 모든 일은 의외로 쉽게 풀린다. 곽전은 우애를 지키기 위해 욕심을 버렸다.

자신의 이익을 양보하지 않으면서 아랫사람을 다스리기는 어렵다.

계모와 좋은 관계를 유지하기 어렵다는 일반적인 생각도 자기 희생으로 극복한 곽전의 예화에서 우리는 실천하기 어렵지만 실천해야만 하는 삶의 지혜를 배울 수 있을 것이다.

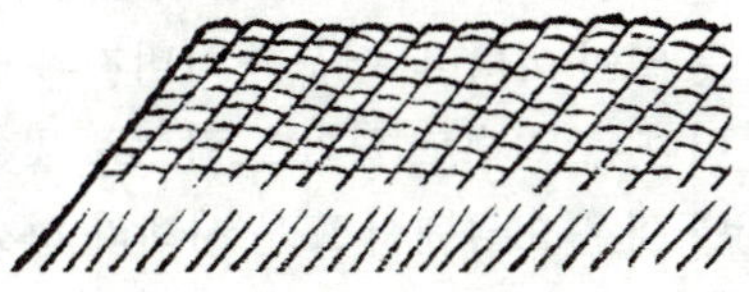

형제를 모두 모여 살게 한 오사달

오사달은 원나라 울주 사람이다.

여섯 형제가 아버지의 명에 따라 따로 살았다.

오사달이 개평주부 벼슬을 할 때 아버지가 죽으니, 집에 돌아와 장례를 마친 후 집안 사람을 모아 놓고 울며 그 어머니에게 말했다.

"우리 형제들이 헤어져 산 지 10여 년이 넘었습니다. 형제 가운데 재산을 흩은 이가 많은데, 한 어머니의 소생으로 고르지 않게 살아서야 되겠습니까."

오사달은 즉시 형제가 진 빚을 갚아 주고 다시 한 집에 모여 살았다.

두어 해 만에 집 뒤의 버드나무와 느릅나무가 어우러져 서로 엉키니, 사람들이 모두 입을 모아 "우애 있는 집안이라 나무도 서로 엉켜 잘 자란다."고 말했다.

[지은이 생각]

분가한 형제가 다시 한 집안에 모여 산다는 것은 옛날에도 그리 쉬운 일이 아니다. 더구나 아버지의 명으로 분가했다면 더욱 어려운 일이다. 그런데도 형의 노력으로 빚을 갚고 한 집에 모여 화목하게 지낸 것은 고금에서 드문 사례라 하겠다.

263

아내를 쫓아낸 유군량

유군량은 당나라 요양 사람으로, 4대가 한 집에서 살아, 촌수가 먼 친척들도 친동기처럼 살았다.

집안의 곡식 한 말이나 비단 한 자라도 사사로이 쓰지 않았다.

어느 해 흉년을 만나, 유군량의 아내가 따로 살기를 원하여 가만히 뜰에 있는 나무 위에 올라가 까마귀 새끼를 바꾸어 두어 서로 싸우며 울게 하였다.

집안 사람들이 괴이하게 여기니 유군량의 아내가 남편에게 말했다.

"천하가 어지러우니 새짐승도 서로 용납하지 아니합니다. 하물며 사람이야 오죽하겠습니까. 우리도 이제는 따로 살아야 할 것 같습니다."

유군량은 즉시 형제를 내보내 따로 살았다. 그런 지 한 달쯤 후에야 아내에게 속은 줄 알고

"당신은 어찌 우리 집안을 잘못되게 하는가."
하고 쫓아냈다.

유군량은 형제를 불러 눈물을 흘리며 전후 사정을 다 말하고, 다시 한 집에서 모여 살게 했다.

정관 6년에 나라에서 그 사실을 알고 유군량에게 후한 상을 내리고 집 앞에 정문을 세워 주었다.

군량척처(君良斥妻)

참을 인자 1백 개 쓴 장공예

장공예는 당나라 수장 사람이다.

조상 때부터 9대가 한 집에서 살았다.

고종이 태산에 제사지내고 돌아오다 장공예의 집에 이르러 장공예에게 물었다.

"그대는 어떤 도리로 이렇듯 친족을 화목하게 이끌 수 있는가?"

장공예는 종이와 붓을 가져오게 하여 참을 인(忍)자 1백 개를 써 보였다.

그 뜻은 어른이 재물을 고르지 않게 배분하거나, 항렬이 낮은 이와 나이가 어린 이가 예절을 지키지 아니하면 다툼이 일어나 집안이 화목하지 못하게 되는데 이때 서로 참고 지내면 집안이 스스로 화목해진다는 말이다.

[지은이 생각]

아랫사람의 잘못을 관대히 용서하고, 참으며 보아 넘기기란 쉬운 일이 아니다.

순간의 격분을 참지 못하고 심하게 꾸짖거나 질책하여 아랫사람의 가슴에 상처를 남기고 때로 원한을 사기도 하는 일이 비일비재하다. '참는다' 는 것은 윗사람이 갖추어야 할 중요한 덕목이다.

옛말에 세 번을 참으면 살인도 면한다고 했다.

266

공예서인(公藝書忍)

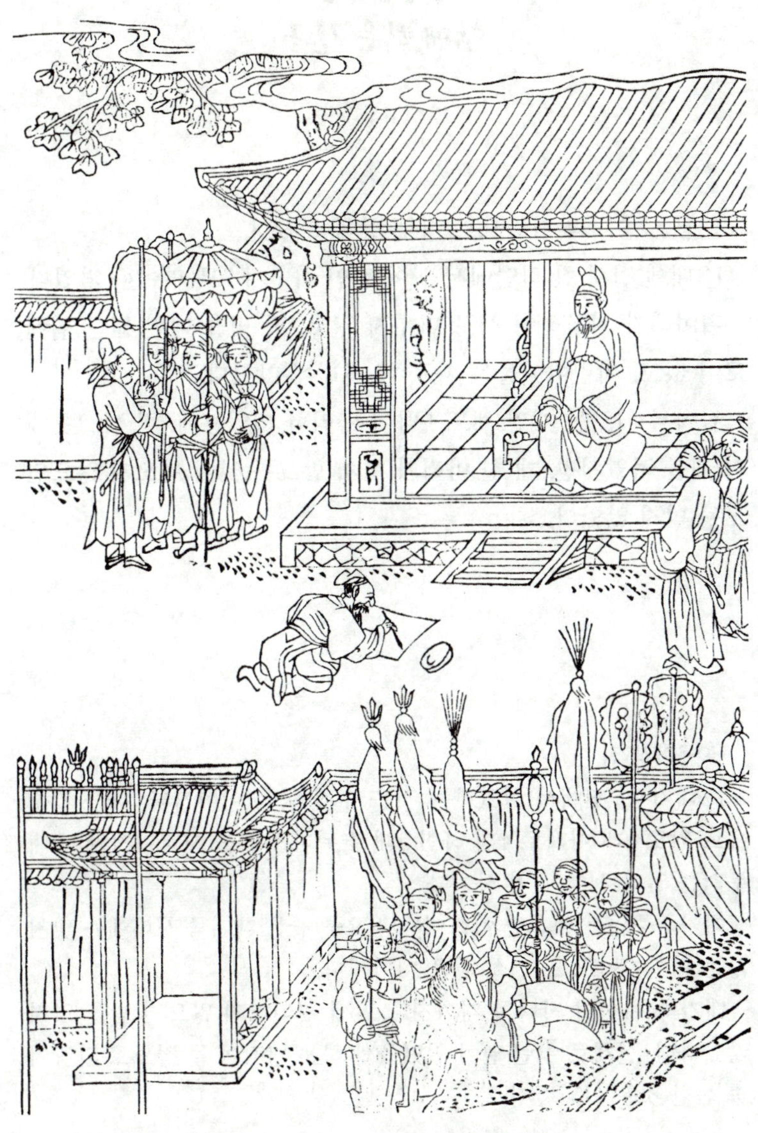

함께 먹은 진긍

진긍은 송나라 사람으로 강주 땅에 살았다.

13대에 걸쳐 한 집안에서 살아 집안 식구가 7백 명이나 되었다.

위아래가 화목하여 서로 다투지 않고, 밥 먹을 때면 넓은 집에 모여 앉고, 어린아이들은 따로 한 자리에 앉혔다.

집에서 기르는 개만 해도 1백여 마리나 되었는데, 한 밥그릇에서 개를 먹였지만, 개 한 마리가 미처 밥그릇 앞에 나오지 않으면 모두 먹지 않았다.

[지은이 생각]

13대가 한 집에서 살았다는 것은 기적 같은 이야기다. 나를 기준으로 위로 4대 아래로 4대 하면 9대가 된다. 9대는 친척이지만 10대부터는 일가로 매우 먼 사이다.

대가족주의를 예찬한 예화이지만 요즘 같은 핵가족 시대에는 맞지 않는 이야기이고 또 전설 같은 이야기다.

대가족 예찬이 지나쳐 개까지도 함께 자리하지 않으면 밥을 먹지 않았다니, 실제로 이런 일이 있었을까 하는 생각이 들 정도로 과장이 좀 심한 것은 아닐런지.

진씨군식(陳氏群食)

모두 나누어 준 범중엄

범중엄은 송나라 오현 사람이며 자는 희문이다.

재물을 아끼지 않고 남에게 주기를 좋아했는데 특히 일가친척에게 후하게 주었다.

높은 벼슬에 올라 나라에서 주는 녹봉으로 집 가까운 곳에 좋은 밭 수천 마지기를 사 두고 친척 가운데 가난한 사람들에게 경작케 하여 삶의 터전을 마련해 주었다.

문중에서 나이 많고 어진 한 사람을 골라 재물을 맡기고, 모든 사람에게 날마다 쌀 한 되와 해마다 베 한 필씩 나누어 주고, 혼인할 때나 장례를 지낼 때는 모든 비용을 마련해 주었다.

정승 벼슬을 끝으로 고향에 돌아와서는 창고에 남아 있는 베 삼천 필을 다 풀어 나누어 주며 말했다.

"친척과 고향 사람들은 모두 내가 어려서부터 내가 자라나는 것을 보고 벼슬하는 것을 보고, 나를 위해 도와 주었으니, 내가 어찌 그 은혜를 갚지 않을 수 있겠는가."

[지은이 생각]

범중엄은 송나라 인종 때의 이름난 재상이다. 죽은 뒤에 문정(文正)이라는 시호가 내려졌다. '소학'에 보면 범문정공이라 하여 아름다운 일화들이 많이 등재되어 있는데 후손들도 그의 뜻을 따랐으니 아마도 범중엄의 솔선수범이 있었기 때문이리라.

270

함께 사는 규칙을 만든 육구소

육구소는 송나라 금계 사람이다.

대대로 한 집에서 살면서, 나이 많은 사람 하나를 골라 가장으로 삼고, 온 집안 일을 다 관리하게 했다.

해마다 자제들 가운데서 적임자를 뽑아 농사와 재물 출납과 음식 장만과 손님 접대하는 일을 각각 나누어 맡게 했다.

육구소는 경계하는 글을 지어, 새벽에 일어나 가장이 모든 자제를 거느리고 사당에 문안을 마치면, 북을 울리며 경계하는 글을 외워 자제들로 하여금 늘어서서 듣게 했다.

자제 가운데 잘못이 있는 자는 모아 놓고 꾸짖어 가르치고, 그래도 고치지 않으면 매질하고, 끝내 고치지 않아 용납하지 못할 것 같으면 관가에 고하여 먼 땅으로 쫓아 버렸다.

[지은이 생각]

한 종족을 화목하게 하는 의를 실천한 예화를 발췌하여 기록한 것이다. 한 집안에서 여러 대가 모여 살게 되면 많은 일들이 생기게 된다. 그 일들을 처리하고 서로 간의 화목을 다지려면 장공예처럼 '참을 인' 자로 교훈을 삼거나 육구소 처럼 교육과 훈도로써 해야 한다.

육구소는 인재를 적재적소에 골라 써야 하는 지도자의 도리를 실천한 사람이다.

272

10대가 한 집에서 산 정씨 집안

정문사는 원나라 무주 사람이다.

10대가 240년째 한 집안에서 살며 조그만 재물도 사사로이 하지 않았다.

정문사가 죽으니 사촌 아우 정대화가 뒤를 이어 가사를 맡아, 더욱 엄하게 처리하면서도 은혜를 베푸니 집안이 엄숙하기가 관청 같았다.

집안 사람 가운데 조그마한 잘못이라도 있으면 머리가 허연 사람이라도 매로 쳤다.

언제나 세시가 되면 정대화는 당 위에 앉고 모든 자제는 다 의관을 갖추고 기러기 항렬로 뜰 왼편에 늘어섰다가 차례로 나아가 절하고, 꿇어앉아 잔을 받들어 술을 올리고, 얼굴을 가다듬고 손을 꽂아 오른쪽으로 나가는데, 보는 사람이 모두 찬탄하고 흠모하였다.

정대화는 혼인과 상사를 반드시 주자가례를 좇아서 했다.

자손이 다 화목하여 효도롭고 공손했다.

집안 여자들은 모두 길쌈을 하여 의복을 마련했다.

집에 말 두 마리가 있는데, 한 말이 나가면 한 말이 먹지 아니하니, 사람들이 모두 말하기를 "짐승까지도 주인의 어진 행실에 감동해서 그러하다."고 했다.

274

아이도 함께 키운 장씨 집안

장윤은 원나라 연장 사람이다.

8대가 한 집에서 살며 식구가 1백여 명이 넘었지만 서로 이간 질하는 말이 없었다.

부녀자들은 날마다 한 집에 모여 길쌈하고, 일을 마치면 한 창고에 넣어 개인적으로 감추지 않았다.

어린아이가 울면 여러 여자들이 먼저 보는 대로 안아 젖을 먹이고, 한 여자가 친정에 가면서 자식을 두고 가면, 모든 여자가 함께 젖을 먹여 누구 아이거나 가리지 아니하니, 그 아이 또한 누가 제 어머니인 줄 모를 정도였다.

장윤은 형이 죽으니, 즉시 집안 일을 조카 장추에게 맡겼다.

[지은이 생각]

앞에서 13대 동거나 9대 동거나 10대 동거의 집안들이 이야기되었다. 8대 동거도 사실 어려운 일이다. 동거가 이루어지는 것은 반드시 특이한 지도자에 의해 이루어진다. 장윤의 집안도 마찬가지다. 1백 여 명의 대가족이 불만 없이 한 솥 밥을 먹는다는 것이 얼마나 어렵겠는가? 종족 공동체의 이상적인 상태를 발췌하여 기록했다.

오늘날에 우리는 이와 비슷한 공동체 생활을 직접 하고 있는 사람들의 이야기를 종종 듣는다.

어떤 것이 사람답게 사는 방법인지는 각자의 취향에 따를 일이다.

276

장윤동찬(張閏同爨)

⑤

신의를 지킨 사람들

친척이나 고향 사람들은 모두
내가 어려서부터 자라나는 것을 보고
나를 위해 도와 주었으니
나는 그 은혜를 무엇으로 갚으랴!

〈범중엄〉

누호와 여공

누호는 한나라 제군 사람이다.

누호는 친구 여공이 늙어 오갈 데 없는 막막한 신세가 되자, 여공을 데려와 침식을 같이했고 누호의 아내는 여공의 아내와 함께했다.

그렇게 지내는 기간이 오래되니 누호의 아내와 자식들은 여공을 보는 얼굴빛이 곱지 않았다.

누호는 울면서 아내와 자식들을 꾸짖었다.

"여공은 나의 오랜 벗이다. 그의 처지가 궁박하여 내게 와서 의탁했다. 너희는 나를 대하듯 여공을 대하라."

누호는 여공이 죽을 때까지 친동기간처럼 거두었다.

[지은이 생각]

이해 관계로만 맺어진 오늘날의 인간 관계와는 매우 다른 우정이다.

물론 오늘날에도 처지가 몹시 궁색해진 친구를 도와 주는 아름다운 우정을 실천한 사람들이 전혀 없는 바는 아니다.

그러나 친구와 친구 가족까지 평생을 먹여 살리는 사람은 예나 지금이나 만나 보기 어렵다. 이러한 일은 가족이나 자신의 지극한 희생 정신이 없고서는 이루어질 수 없는 일이다.

범식과 장원백

범식은 한나라 금향 사람이다.

젊어서 태학에 다닐 때 장원백과 사귀어 친하게 지냈다.

공부를 마치고 고향으로 돌아갈 때 범식이 장원백에게 말했다.

"2년 후에 자네의 어머니를 가서 뵙겠네."

그렇게 헤어진 후 2년이 지났다. 장원백은 범식이 한 말을 잊지 않고 있다, 어머니에게 범식과의 약속을 이야기했다.

어머니는 "너희가 헤어진 지 두 해나 지났고, 그 사람은 천 리 먼 곳에 산다 하는데 약속을 지킬 수 있겠느냐?" 하고 말했다.

"어머니, 범식은 반드시 약속을 지킬 것입니다."

어머니는 술을 빚고 음식을 장만하면서 범식을 기다렸다.

과연 범식은 약속대로 그 날 와서 어머니에게 인사를 올렸다.

먼 훗날 장원백이 병들어 "범식이 보고 싶구나." 하고 죽었다.

그 날 범식의 꿈에 장원백이 나타나 "내 죽어 저승으로 떠나네. 어느 날이 발인이니 나를 잊지 않았거든 꼭 오게." 하는 것이었다.

범식은 꿈에서 깨어나자마자 서둘러 달려갔다.

장원백의 시신은 발인하여 묻을 땅에 갔으나 관이 움직이지 않 았다. 범식이 도착하여 관을 어루만지며 "삶과 죽음의 길이 서로 다르니, 이에 너를 보내노라." 하고 우니, 마침내 관이 움직여 무 덤을 만들 수 있었다.

친구 가족을 거둔 장예

장예는 촉한 때 촉군 사람으로 파군 태수를 지냈다.

장예는 젊어서 양공과 사귀어 친하게 지냈다.

양공이 일찍 죽고 자식이 두어 살도 안 되는 어린아이였다. 장예는 양공의 가속을 데려다 함께 살면서 양공의 어머니를 친어머니 섬기듯 했다.

양공의 자식이 자란 후에는 장가들이고, 논밭과 집을 사 주어 집안을 다시 일으켜 세우게 했다.

[지은이 생각]

친구간에는 신의를 중시하는 것이다. 이 신의는 한 번 언약하면 죽음이 닥쳐도 지키는 것이 친구간의 도리다. 그러나 보통 사람들은 그 언약을 저버린다. 젊어서 맺은 약속을 어기지 않고 끝까지 지켜서 친구의 어머니를 친어머니처럼 모시고, 친구의 자식을 친자식처럼 거두어 혼례까지 치러 주고, 논밭과 집을 마련해 주어 집안을 다시 세우게 한 장예는 분명 성인이거나 군자였을 것이다.

이렇게 남이 할 수 없는 일을 한 사람의 생애는 빛나는 것이고 후세에 전해져 본받아야 할 것이다.

장예휼고(張裔恤孤)

시신을 찾은 나도종

나도종은 당나라 포주 사람으로 강직하고 절의를 숭상했다.

태종의 정관 말기에 상소를 올렸다 임금의 뜻을 거스려 영남으로 귀양 갔다.

그 때 함께 귀양 가던 사람이 형양 사이에서 죽을 때 울며 탄식했다.

"사람마다 언젠가는 죽겠지만, 나는 타향 땅에 뼈를 버리게 되었구려."

말을 들은 나도종은

"내가 만일 귀양이 풀려 돌아가게 되면 그대 혼자 여기 있게 아니하리라."

약속하고, 시신을 길가에 묻고 귀양지로 갔다.

1년 후에 나도종은 귀양에서 풀려 돌아가는데, 장마가 져서 물이 넘쳐, 그 사람의 시신을 묻어 둔 곳을 찾을 수 없었다.

나도종이 들에서 시신 묻은 곳을 찾는데, 한 곳에서 물결이 홀연히 솟아오르는 것이었다.

"시신이 여기 있거든 다시 솟아오르라."

나도종이 비니, 물이 또 솟아올랐다.

이렇게 해서 나도종은 그의 시신을 찾아 몸소 지고 고향으로 돌아갔다.

도종심시(道琮尋屍)

오보안과 곽중상

오보안과 곽중상은 당나라 위주 사람으로 한 마을에서 살았다.

곽중상이 요주 도독 이몽의 판관으로 있으면서 오보안의 생활 형편이 어려움을 보고 요주 도독에게 천거하여 머언 수주 고을의 서기 벼슬을 하게 해 주었다.

훗날 곽중상이 남쪽 오랑캐에게 포로가 되었는데, 오랑캐는 "베 1천 필을 가져오면 놓아 주겠다."고 했다.

오보안은 이 말을 듣고 빨리 곽중상을 구하고자 했으나 베 1천 필이 없었다. 10년 동안 장사를 열심히 해서 돈을 모으고, 처자를 수주의 다른 집에 맡기고 전 재산을 팔아, 베 7백 필을 마련했지만, 3백 필이 부족해 걱정하고 있었다.

요주 도독이 오보안의 이야기를 듣고 "그대는 집안 재산을 모두 털어 벗을 구하기 위해 이렇게 애쓰는구나."하고 부족한 3백 필을 보태 주었다.

오보안은 마침내 10년 만에 마련한 베 1천 필을 오랑캐에게 주고 곽중상을 구해 냈다.

후에 오보안이 팽산에서 벼슬하다 그 곳에서 죽고 아내 또한 죽으니, 곽중상이 오보안을 위해 복을 입고 시신을 거두어 지고 돌아와 장사를 치르고, 3년의 여막살이를 했으며, 오보안의 아들을 보살펴 장가 들이고 벼슬하게 했다.

288

오곽상보(吳郭相報)

금 덩어리 돌려준 이면

이면은 당나라 경조 사람이다.

젊은 시절에 가난하여, 다른 선비들과 함께 양송의 식객이 되어 신세를 지고 있었다.

한 선비가 병들어 죽으면서, 아무도 모르게 금 덩어리를 이면에게 주며

"아무도 모르는 재물이오. 그대가 이 금으로 내 장례를 치르고, 남거든 가지시오."

하고 유언했다.

이면은 그 선비의 유언대로 장례를 마쳤다. 장례 때 비용을 제하고 남은 금을 아무도 모르게 관 아래 넣었다.

나중에 그 선비의 집안 사람이 찾아와 이면을 만났다.

이면은 무덤을 열고 관 아래 넣어 두었던 금을 꺼내 선비의 집안 사람에게 돌려주었다.

[지은이 생각]

친구가 금덩어리를 가지고 있다면? 어떡하든 꾀어서 그 금덩어리를 손아귀에 넣으려고 온갖 술수를 다 부릴 터인데, 이면은 얼마든지 자기 것으로 가질 수 있는 금덩어리를 돌려주었다. 이면의 양식이 금덩어리보다 귀하게 보이는 까닭은 무엇일까?

친구를 버리지 아니한 서회

서회는 당나라 사람이다.

친구 양빙이 죄에 걸려 귀양 가게 되었을 때, 다른 친구들은 연루될까 두려워 아무도 찾아가지 않았는데, 서회 혼자 찾아가 떠나는 친구를 전송했다.

재상 권덕예가 "그대는 양빙을 전송하니 진실로 친한 벗인 것 같다. 어찌 연루됨이 없겠는가." 하였다.

"나는 어려서부터 양빙과 친했는데, 그가 죄를 지었다고 해서 어찌 절교할 수 있겠습니까. 만일 공이 이후에 모함을 받아 귀양 가게 된다면 그때도 나는 전송하리다."

권덕예는 조정에 나가 서회의 곧은 의리를 칭찬했다.

권덕예의 말을 듣고 이이간이 벼슬을 내려야 한다고 천거하여 감찰 어사 벼슬이 내려졌다.

서회는 벼슬을 사양하고 자신을 천거한 이유를 물었다.

"그대는 친구를 저버리지 않은 사람이다. 그런 사람이니 나라를 저버리지 않을 것이다."

[지은이 생각]

한번 배신한 자는 다시 배신하게 된다. 감찰 어사는 인정있고 사사로움이 있으면 안 되는 중요한 직책이다. 양빙 같은 올곧은 사람이 맡는 것이 당연한 것이다.

292

서회불부(徐晦不負)

아버지의 친구를 도와 준 사도

사도는 송나라 휴녕 사람이다.

과거를 보러 갈 때가 되었으나, 집안이 너무나 가난하여 여비를 장만하지 못하고 있었다.

사도의 딱한 처지를 보고, 친척들이 돈을 모아 여비를 마련해 주었다.

과거 보러 가는 길에 아버지의 친구 여옹의 집에 들렀더니, 마침 여옹이 죽었는데 가난하여 장례를 치르지 못하고 있었다.

여옹의 집안에서는 딸을 팔아 장례 지낼 돈을 마련하려 하고 있었다.

사도는 몸에 지닌 돈을 모두 털어 내놓고, 여옹의 딸을 구해 시집까지 보내 주었다.

[지은이 생각]

사도는 자신의 친구를 도와 준 것이 아니라 아버지의 친구를 도와 주었다. 아버지의 친구를 아버지와 동일 인격으로 대한 사도는 아버지에 대한 효심으로 아버지 친구를 대한 것이다.

그러나 과거냐 아버지 친구의 장례식이냐와 같은 양자 택일의 처지에 놓였을 때, 어느 쪽을 선택하는 것이 최선인지에 대한 논란은 사람에 따라 관점이 다를 것이다.

294

사도경탁(査道傾橐)

서로 하인이 된 한억과 이약곡

한억은 송나라 옹구 사람이고 이약곡은 서주 사람이다.

두 사람은 가난하여, 함께 과거 보러 서울 가면서 서로 하인이
되었다.

이약곡이 먼저 급제하여 장사 땅의 원이 되어 갈 때, 한억은 이
약곡의 아내가 탄 나귀 고삐를 잡고 짐을 지고 하인으로 따라갔다.

이약곡은 부임할 고을 30리 가까이 왔을 때 친구 한억에게 말했다.

"고을 아전이 마중 나올지 모르니 이제 그만 돌아가게."
하면서 짐을 풀어 돈을 꺼내 반을 나누어 한억에게 주고, 서로 붙
들고 크게 울었다.

한억은 다음번 과거에서 급제했다.

두 사람은 나중에 벼슬이 재상에 이르고, 서로 아들딸을 바꾸어
사돈을 맺으면서 인연의 끈을 놓지 않았다.

[지은이 생각]

같은 목표를 향해 가는 친구끼리 먼저 성공한 사람을 시기하고 질
투하지 않은 사람은 드물다. 한억은 기꺼이 먼저 성공한 친구의 하인
이 되어 그의 아내가 탄 나귀의 고삐를 잡았다. 한억이 마음의 크기
가 얼마만한 인물인지 짐작이 간다. 그러니 훗날 재상자리에까지 이
르렀을 것이다.

296

보리 실은 배 넘겨준 범순인

범순인은 송나라 사람으로 중엄의 아들이다.

아버지가 순인에게 고소 땅에 가서 보리 5백 석을 가져오라고 일을 맡겼다.

순인이 보리 5백 석 실은 배를 인솔하고 돌아오다 단양 땅에 이르러 친구 석만경을 만났다.

"자네는 어찌 하여 고향 땅에 머물러 있는가?"

"고향에 온 지 두 달쯤 되었다네. 아버지가 돌아가셔서 장례를 치르고 가려 하는데, 더불어 의논할 사람이 없다네."

순인은 보리 실은 배를 통째 석만경에게 주어 장례를 치르게 하고 빈손으로 집에 돌아와 아버지를 뵈었다.

"너는 오는 길에 옛 벗을 만났느냐?"

"네 아버지. 석만경을 만났는데, 아버지 상사를 당했으면서 장례를 치르지 못하고 있었습니다."

"그렇다면 너는 어째서 보리 배를 주지 않았는가?"

순인은 아버지를 우러러보면서 말했다.

"벌써 주었습니다."

"오냐, 잘했다. 그게 우정이란 것이다."

아버지는 아들을 맘껏 칭찬했다.

벗을 도와 준 후가

후가는 송나라 화주 사람으로, 화원 지방의 원을 했는데, 젊었을 때 전안과 사귀었다.

전안이 병들어 자리에서 일어나지 못하자, 후가가 천 리 먼 곳에 가서 의원을 구해 돌아오는 중에 전안이 죽었다. 전안은 죽은 후에도 눈을 감지 아니했다.

사람들은 눈을 감지 아니하는 전안을 보고 "후가가 오기를 기다리는 모양이다." 하고 말을 했다. 시신을 염한 후에 후가가 도착하여 손으로 눈을 만지니 비로소 눈을 감았다.

전안은 자식이 없어 장례를 치르지 못하므로 후가가 옷을 팔아 장례를 치르게 하고, 후가는 날씨가 추운데도 홑옷을 입고 있었다. 후가의 아름다운 행동을 보고 누군가가 흰 비단을 주었다. 그러나 후가는 전안의 누이가 아직 시집가지 못하고 처녀로 있는 것을 보고 그 흰 비단을 주어 혼수에 쓰게 했다.

언젠가는 멀리 나갔다 여러 날 만에 집에 돌아오니 아내가 집안에 식량이 떨어졌다고 하소연하는데, 그 때 마침 벗 곽행이 와서

"여보게, 우리 아버지 병들어 의원을 청해야 하는데 돈을 많이 달라고 하네. 집을 팔아도 모자랄 것 같네."

하고 하소연했다. 후가가 노자 남은 것을 다 곽행에게 주니, 마을 사람들이 모두 입을 모아 후가의 어진 행동을 칭송했다.

의리를 지킨 운창

운창은 한나라 평릉 사람이다.

같은 고을의 오장을 스승으로 섬겼다.

왕망이 오장을 죽이고, 모두 한 무리라 하여 오장의 제자 1천여 명을 가두거나 벼슬을 못하게 탄압했다.

오장의 제자들은 너도나도 "나는 다른 선생에게 배웠다."고 거짓말했지만, 운창은 이때 대사도 소속의 아전 직책에 있으면서도 떳떳이 오장의 제자라 밝히고 오장의 시신을 거두어 염습하여 장례까지 치렀다.

사람들이 모두 운창의 도리를 칭송했다.

왕순이 운창의 절개와 의리를 높이 여겨 중랑간대부 벼슬을 하게 도와 주었다.

[지은이 생각]

스승에게 배우는 것은 사람다운 사람이 되기 위해 의리와 신의를 배우고 자신을 연마하는 과정이다. 한 스승에게 배우지만 어떻게 받아들이고 자신을 잘 닦았는가에 따라 다른 행동이 나오는 것은 예나 지금이나 다를 것이 없는 것 같다.

1천여 명의 제자 가운데 운창 한 사람만이 스승을 배신하지 않았다는 것이 그것을 단적으로 말해 준다.

스승의 무덤을 만든 환영

환영은 한나라 패군 사람이다.

젊었을 때 장안으로 가서 교육을 받고 구강 땅의 박사인 주보를 섬기며 '서경'을 배우는데 집안이 너무 가난하여 스스로 살아갈 길이 없었다.

이에 환영은 날이면 날마다 품을 팔아 굶주림을 면하고, 틈만 있으면 열심히 서경을 익혔다.

집과 일터 외에는 한번도 곁눈질을 하지 않고, 열심히 배운 것을 익히는데 전념하느라, 15년 동안이나 집 뒤에 있는 동산을 한번도 가 보지 못했다.

어느날 환영이 섬기던 주보가 죽었다.

환영은 구강으로 가서 주보의 상을 주관하여 흙을 져날라 무덤을 만들고 마음으로 3년상을 마쳤다.

그후 환영은 구강에 머물면서 제자 수백 명을 가르쳤다.

[지은이 생각]

군사부일체(君師父一體)라는 말을 실천한 환영의 예화다.

자기 살기도 힘겨운 삶을 살면서도 스승이 타계하자 앞장서서 장례를 치르고, 스승이 하던 일을 이어받아 해 나간 사람의 이야기다.

스승이 어렵게 살면 그 스승의 부음을 듣고도 문상조차 하지 않는 사람들에게 큰 경계가 되는 이야기다.

304

스승의 시신을 끝까지 지킨 견초

견초는 위(魏) 나라 관진 사람이다.

나이 10여 세에 같은 고을에 사는 악은에게 가서 공부를 배웠는데, 뒤에 악은이 하묘 장군의 막하가 되어 전장으로 따라가자 견초는 악은을 따라다니며 공부를 배웠다.

경성에 난이 일어나 적을 토벌하다 하묘 장군과 악은이 모두 전사했다.

견초는 악은의 제자인 사로 등과 함께 적진으로 들어가 악은의 시신을 염습하고, 발인하여 돌아오다 적군을 만났다.

적군이 관을 빼앗아 깨고 못을 빼려 했다. 다른 제자들은 모두 도망갔으나, 견초가 울면서 관을 붙들고 말리자, 적군은 견초의 마음에 감동하여 악은의 관을 두고 갔다.

이 일로 해서 견초는 이름이 인근에 알려졌다.

[지은이 생각]

마음의 지극한 정성이 외부로 표출되어 적군의 군사들도 감동한 이야기다. 적군의 창검 앞에 모든 사람들이 다 도망하는데 그 창검도 무섭게 여기지 않고 결연히 스승의 관을 지킨다는 것은 스승에 대한 견초의 확고한 의지가 나타난 것이니 그 의로움에 적군이 감동한 것이다.

306

견초염빈(牽招斂殯)

눈 속에 서 있는 양시

양시는 송나라 남검 사람이다.

명도 선생에게서 도학을 배워 돌아왔다가, 선생이 돌아가셨다는 부음을 듣고 침실문 밖에 상청을 베풀고 선생에게서 배우던 사람들에게 모두 알렸다.

뒷날 유작과 함께 이천 선생을 찾아가 뵈었는데, 이천 선생이 눈을 감고 앉았는지라 두 사람은 서서 기다렸다.

해가 저믄 후에야 이천 선생이 눈을 떴다.

"자네들은 아직도 거기 있었던가. 오늘은 이미 저물었으니 가쉬라."

양시와 유작이 문 밖으로 나오니, 눈이 한 자나 쌓여 있었다.

[지은이 생각]

특이한 사항이 없다. 대학자인 명도 선생과 이천 선생을 기록하기 위한 방편으로 선정된 것 같다.

◎정명도(程明道) : 중국 북송 시대 유학자. 정이천의 형이다. 아우 정이천과 함께 주무숙(周茂叔)에게 배웠고, 유학의 본의를 스스로 깨달았다. 저서에 '이정전서(二程全書)'가 있다.

◎정이천(程伊川) : 정명도의 동생이며 중국 북송 시대 유학자. 처음으로 이기(理氣) 철학을 제창했고, 유학의 도덕에 철학의 기초를 부여했다. 저서에 '역전(易傳)' '어록(語錄)' 등이 있다.

308

주자도 놀란 채원정

채원정은 송나라 건양 사람이다.

아버지가 글을 많이 보아 정씨어록(程氏語錄), 소씨경세서(邵氏經世書), 장씨정몽(張氏正蒙) 등으로 채원정을 가르쳤다.

"이는 공자 맹자의 정통 학문이니라."

채원정은 그 글의 뜻을 깊이 알아, 자라난 후에는 뜻을 풀어 봄이 더욱 정확했다.

산에 올라 나물로 배를 채우며 글을 읽다, 주자의 이름을 듣고 찾아가서 제자가 되었다.

주자가 채원정에게 무엇을 배웠느냐고 물으니, 채원정이 배운 책들을 아뢰었다.

주자는 크게 놀라

"그대는 나의 벗이요, 제자 항렬에 두지 못하겠다."

하고 경서의 깊은 뜻을 강론할 때 언제나 다른 제자들에게는 반드시 채원정을 따라서 하게 했다.

[지은이 생각]

무엇 때문에 스승과 제자의 반열에 올렸는지 잘 모르겠다. 다만 스승과 제자의 각별한 관계를 위한 것이 아니면 주자를 돋보이게 하기 위한 방편으로 기록한 것이 아닌가 한다. 발췌한 뜻을 알 수 없다.

원정대탑(元定對榻)